Prefácio

Olá, e bem-vindo(a) a uma jornada pelo mundo da programação Python, projetada especialmente para você, que busca conhecimento prático, relevante e imediatamente aplicável.

Você já ouviu falar da "Regra 80/20", também conhecida como o Princípio de Pareto? Segundo esse princípio, 80% dos efeitos vêm de 20% das causas. No contexto deste livro, isso significa que vamos nos concentrar nos 20% de Python que você realmente precisa conhecer para realizar 80% do que deseja fazer. Estou falando de conhecimento que não só faz sentido no abstrato, mas que você pode colocar em prática assim que fechar este livro.

A linguagem Python é incrivelmente extensa e diversificada, oferecendo um arsenal vasto de bibliotecas e frameworks. Entretanto, tentar aprender tudo seria uma missão quase impossível e, francamente, desnecessária. Vamos focar em torná-lo eficaz e eficiente, abordando apenas as partes que fornecem o maior "retorno sobre o investimento" de tempo e esforço.

Neste livro, você encontrará tópicos que vão desde a manipulação de dados com bibliotecas como Pandas e Numpy, passando pela automação de tarefas rotineiras e até mesmo interações com o mundo externo através de APIs e scraping de web. Cada capítulo foi elaborado para oferecer informações diretas, exemplos práticos e vastos exercícios que reforçam a aplicação do conteúdo.

Mas não se engane: embora nossa abordagem seja focada, isso não quer dizer que você terá uma compreensão superficial de Python. Ao contrário, nosso objetivo é oferecer uma base sólida e flexível, permitindo que você acesse áreas mais complexas com confiança, caso sinta a necessidade.

Então prepare-se para desbloquear uma nova habilidade que pode transformar sua carreira, hobby ou mesmo a forma como você interage com a tecnologia no dia a dia.

Vamos nessa?

Atenciosamente,
Fabrício de Mello Viegas

20% que eu preciso saber de Python para ter 80% de resultados

Fabrício de Mello Viegas

-- Sumário --

Capítulo 1: Introdução à Programação com Python

Tópico: Por que escolher Python?

Então você decidiu mergulhar no mundo da programação. Excelente escolha! Mas agora você está em um dilema: qual linguagem de programação é a melhor para começar? Entre as toneladas de opções, você provavelmente ouviu falar de Python. E talvez esteja se perguntando: "Python é hype ou é real? Vale a pena?"

Bem, sente-se, pegue um café (ou uma cerveja; você é um adulto, afinal) e permita-me fazer o argumento: Python não é apenas um hype. A linguagem traz consigo uma série de vantagens que a tornam não apenas fácil de aprender, mas também incrivelmente poderosa e versátil. E o melhor de tudo é que você não precisa se tornar um expert em Python para colher a maioria desses benefícios. Acredite ou não, entender apenas cerca de 20% da linguagem pode lhe dar 80% dos resultados que você deseja. Vamos ver como.

Facilidade de Aprendizado
Sabe aquelas linguagens de programação que parecem ter saído de um livro de álgebra do ensino médio? Python definitivamente não é uma delas. O foco aqui é a simplicidade e a clareza. Você não precisa de um Ph.D. para começar a escrever seu primeiro script. A sintaxe é intuitiva, as palavras-chave fazem sentido, e há menos paranauê para confundir você. É como a diferença entre montar um móvel da IKEA com instruções claras e tentar fazer isso às cegas, com um manual escrito em sânscrito. O resultado é que você gasta menos tempo brigando com a linguagem e mais tempo realmente programando.

Versatilidade
Python é como aquele canivete suíço que você guarda na mochila para qualquer eventualidade. Desenvolvimento web? Confere. Análise de dados? Confere. Inteligência Artificial? Também. A lista continua. Isso significa que aprender Python é como investir em um conjunto de habilidades transferíveis. Hoje você pode estar desenvolvendo um site, mas amanhã você pode se encontrar trabalhando em um projeto de aprendizado de máquina. E o mesmo Python vai servir para ambos. Não é preciso aprender uma nova linguagem de programação para cada novo interesse ou projeto. A versatilidade do Python lhe dá uma liberdade que poucas outras linguagens podem oferecer.

Comunidade Forte
Está empacado em um problema de programação complicado? As chances são de que alguém já resolveu algo semelhante e postou a solução online. A comunidade Python é uma das mais ativas e úteis que você vai encontrar. Isso se traduz em uma infinidade de bibliotecas, tutoriais e fóruns disponíveis para ajudá-lo a superar obstáculos. Pense nisso como ter um mentor virtual disponível 24/7.

Portabilidade
Você é do tipo que gosta de trabalhar no MacBook durante o dia, mas tem um PC para jogos em casa? Sem problemas. Python é altamente portátil e funciona em quase todos os sistemas operacionais. Você não precisa se preocupar com detalhes tediosos

de compatibilidade, o que significa mais tempo para focar em fazer o que você ama: resolver problemas e criar coisas incríveis.

Desenvolvimento Rápido

Vamos ser honestos: todos estamos correndo contra o tempo. A beleza do Python é que ele permite um desenvolvimento mais rápido de aplicações. Como? A linguagem vem com um conjunto de bibliotecas e frameworks que automatizam muitas tarefas complicadas. Você não precisa reinventar a roda a cada novo projeto.

Para resumir, Python é como aquele amigo confiável que sempre tem as respostas, não importa o problema. Ele permite que você realize mais com menos, o que é, em essência, a regra 20/80 em ação. Se você está procurando uma linguagem que ofereça um caminho fácil para o domínio, mas sem comprometer a profundidade e a versatilidade, Python é o seu melhor candidato.

Tópico: Configuração do Ambiente de Desenvolvimento

Então, você está convencido de que Python é a sua onda, e agora? Você pode estar se perguntando, "O que eu faço agora? Como eu realmente começo a programar?" Boas notícias: vamos abordar justamente isso neste capítulo, sem firulas e sem perda de tempo. Afinal, a ideia é colocar você no jogo o mais rápido possível, lembrando sempre da regra 20/80: 20% do esforço para 80% do resultado. Vamos lá?

Preparando o Terreno no Windows

Download do Python: A primeira coisa que você precisa fazer é baixar o Python. Vá até python.org e clique na versão mais recente para Windows.

Instalação: Execute o arquivo baixado e certifique-se de marcar a opção "Add Python to PATH" na tela de instalação. Isso vai facilitar sua vida mais tarde.

Verificação: Abra o prompt de comando e digite *python --version*. Se tudo estiver certo, você verá a versão que acabou de instalar.

Preparando o Terreno no Linux

Atualização do Sistema: Abra o terminal e execute *sudo apt update && sudo apt upgrade* para atualizar o sistema.

Instalação: No terminal, digite *sudo apt install python3*.

Verificação: Assim como no Windows, digite *python3 --version* para confirmar que tudo correu bem.

Simples, né? Mas não acaba aqui. Para tornar sua vida mais fácil e produtiva, você vai querer usar um ambiente de desenvolvimento integrado (IDE), e para este guia, escolhemos o Visual Studio Code, ou VS Code para os íntimos.

- ### Instalando o VS Code no Windows

Download: Vá até o site oficial do VS Code e baixe a versão para Windows. - https://code.visualstudio.com/download

Instalação: Execute o arquivo baixado e siga as instruções.

Extensão Python: Abra o VS Code, vá até o ícone de extensões (parece um bloco) e procure por Python. Instale a primeira opção que aparecer.

- **Instalando o VS Code no Linux**

Download e Instalação: Abra o terminal e execute o seguinte comando:
sudo apt update && sudo apt install code

- **Extensão Python:** O processo é o mesmo que no Windows. Abra o VS Code, vá até o ícone de extensões e procure por Python.

E aí está! Agora você tem um ambiente de desenvolvimento Python totalmente funcional no Windows ou no Linux, pronto para você mergulhar de cabeça no mundo da programação. Parece muito? Talvez, mas lembre-se, com esses poucos passos, você já cobriu cerca de 80% do que vai precisar para a maioria dos seus projetos Python. Não é nada mal para um investimento de 20% do seu tempo, certo?

Este setup básico é tudo que você precisa para começar a escrever código Python. Você não precisa se preocupar com configurações mais avançadas até realmente precisar delas. Por enquanto, você já está mais do que preparado para começar a construir coisas incríveis.

Melhores Plugins Python para o VS Code

Estamos numa época em que a eficiência é rei. Então, enquanto você está decolando em sua jornada de programação Python, que tal alguns upgrades para tornar seu IDE tão eficiente quanto você? Aqui estão alguns plugins do VS Code que são o nível "turbo" que você não sabia que precisava.

Python (Microsoft)
Como instalar: Este é o básico dos básicos. Se você seguiu o guia anterior, já deve ter instalado este plugin. Se não, abra o VS Code, clique no ícone de extensões e procure por "Python". Clique em "Instalar" no primeiro resultado que tem Microsoft como autor.

Por que é útil: Ele oferece funcionalidades como **linting**, **IntelliSense**, formatação de código, entre outras. É o pão com manteiga do desenvolvimento em Python no VS Code.

Jupyter
Como instalar: No mesmo painel de extensões, procure por "Jupyter" e clique em "Instalar" no primeiro resultado que tem Microsoft como autor.

Por que é útil: Se você planeja fazer qualquer coisa relacionada a análise de dados ou machine learning, você vai querer usar notebooks Jupyter. Esta extensão torna o VS Code compatível com notebooks Jupyter, permitindo que você execute células de código, renderize gráficos e muito mais, tudo dentro do VS Code.

Pylance

Como instalar: Procure por "Pylance" no painel de extensões e clique em "Instalar".

Por que é útil: Esta é uma extensão da linguagem Python que visa melhorar a velocidade e a eficiência da programação. Ele oferece um conjunto de ferramentas para linting e refatoração de código que são mais rápidas e mais precisas do que as opções padrão.

MagicPython
Como instalar: Procure por "MagicPython" e clique em "Instalar".

Por que é útil: Esta extensão oferece um realce de sintaxe avançado e é especialmente útil se você trabalha com várias versões do Python ou outras linguagens de script.

Python DocString Generator
Como instalar: Procure por "Python Doc**String** Generator" e clique em "Instalar".

Por que é útil: Documentar seu código é importante, mas também pode ser chato. Esta extensão gera automaticamente doc**Strings** para suas funções e classes, economizando tempo e mantendo seu código legível.

GitLens
Como instalar: Procure por "GitLens" e clique em "Instalar".

Por que é útil: Embora não seja uma extensão Python per se, ela é incrivelmente útil para qualquer desenvolvedor. Ela supercarrega a interface do Git no VS Code, oferecendo um novo nível de informação e funcionalidade.

Blackbox AI Code Generation
Como instalar: Procure por "Blackbox" e clique em "Instalar"

Por que é útil: é um assistente de codificação de IA que ajuda os desenvolvedores, fornecendo **Conclusão** de código em tempo real, documentação e sugestões de depuração. BLACKBOX AI também está integrado a uma variedade de ferramentas de desenvolvedor, facilitando o uso em seu fluxo de trabalho existente.

Ao instalar essas extensões, você está essencialmente turbinando seu ambiente de desenvolvimento Python para ser mais eficiente e eficaz. E a melhor parte? Você gastou talvez 20% do seu tempo configurando para colher 80% dos benefícios. Fale sobre maximizar o retorno sobre o investimento!

Tópico: Ambiente Virtual

- Ambiente Virtual em Python

Você já teve que instalar um pacote Python e percebeu que acabou quebrando um projeto totalmente diferente no mesmo ambiente de sistema? Ei, não se preocupe, você não está sozinho nisso. Para salvar o dia, e nosso sistema, temos algo chamado "Ambiente Virtual". Vamos mergulhar nesse tópico e entender por que é essencial.Por que Ambiente Virtual?

Isolamento: Um dos maiores benefícios de um ambiente virtual é o isolamento. Você pode ter versões diferentes do mesmo pacote em projetos diferentes sem qualquer interferência.

Sem Privilégios de Administrador: Você pode instalar pacotes sem precisar de privilégios de administrador. Tudo é mantido em seu próprio ambiente, longe do sistema.

Replicação Fácil: Se você precisar compartilhar seu código com outras pessoas, um ambiente virtual torna isso fácil. Você pode simplesmente exportar uma lista de pacotes e suas versões para um arquivo.

- Como Criar um Ambiente Virtual?

Suponha que você esteja trabalhando num projeto chamado "ProjetoX". Vá para o terminal e faça:

python -m venv ProjetoX_venv

Isso criará uma pasta ProjetoX_venv contendo tudo o que você precisa.

- Ativando o Ambiente

No Windows:

ProjetoX_venv\Scripts\activate

No Mac/Linux:

source ProjetoX_venv/bin/activate

- Desativando o Ambiente

Deactivate

- Instalando Pacotes

Após a ativação do ambiente, qualquer pacote que você instalar usando pip será colocado na pasta ProjetoX_venv.
pip install pacote_xyz

- Instalando a Extensão Python para o VS Code

Antes de tudo, instale a extensão Python da Microsoft, se ainda não o fez. Isso facilita a interação com Python no VS Code.

1-) Abra o painel de Extensões (Ctrl + Shift + X).

2-) Procure por "Python" na barra de pesquisa e instale a extensão fornecida pela Microsoft.

- Criando um Ambiente Virtual

1-) Abra seu terminal (no VS Code, você pode simplesmente pressionar Ctrl + `) e navegue até o diretório do seu projeto.

2-) Execute python -m venv .venv para criar um ambiente virtual na pasta .venv dentro do seu projeto.

3-) Espere o processo terminar. Agora você tem um ambiente virtual chamado .venv.

- Ativando o Ambiente Virtual no VS Code

1-) Após criar o ambiente virtual, o VS Code geralmente detecta e sugere que você o use. Se isso acontecer, clique em "Yes" na janela pop-up.

2-)Se a sugestão não aparecer, você pode selecionar seu ambiente manualmente. Vá para a barra inferior esquerda e clique no ícone do interpretador Python ou pressione Ctrl + Shift + P.

3-)Digite "Python: Select Interpreter" e pressione Enter.

4-)Escolha o ambiente virtual que você acabou de criar. Ele geralmente aparece como .venv: Python x.x.x.

- Verificando se Tudo Funciona

1-)Ainda no terminal (certifique-se de que ele está apontando para o ambiente virtual), execute python --version ou pip list para confirmar que o ambiente está configurado corretamente.

E é isso! Agora você está pronto para desenvolver projetos Python isolados diretamente no VS Code, o que é especialmente útil quando você está trabalhando em múltiplos projetos com diferentes dependências.

Tópico: Primeiro Programa Python

Então, você configurou seu ambiente de desenvolvimento e está ansioso para começar a fazer algo, mas o que exatamente? Python tem um universo de possibilidades, mas antes de lançarmos um foguete SpaceX ou criarmos uma IA que vence no xadrez, vamos começar do começo. Vamos fazer o famoso "Hello, World!"

Passo 1: Abra o VS Code e Crie um Novo Arquivo Python

Abrir VS Code: Se você seguiu o tópico anterior, já sabe como fazer isso.

Novo Arquivo: Clique em File -> New File e salve este arquivo com a extensão .py.

Por **Exemplo**, meu_primeiro_programa.py.

Passo 2: Escreva seu Código

Digite o Código: No arquivo vazio, digite o seguinte código:

print("Hello, World!")

Salve o Arquivo: Ctrl+S é seu amigo aqui.

Passo 3: Execute o Programa

Terminal Integrado: Abra o terminal integrado no VS Code (View -> Terminal).

Execute o Código: Digite python meu_primeiro_programa.py e pressione Enter.

Se tudo correu bem, você deve ver o texto Hello, World! exibido no terminal. Parabéns, você acabou de escrever e executar seu primeiro programa Python!

- Mas e Agora?

"Hello, World!" é legal e tudo mais, mas você quer fazer coisas mais interessantes. Então, vamos falar rapidamente sobre alguns dos fundamentos que você precisa saber para realmente começar a fazer algo útil. Isso é o nosso 20% que vai levar a 80% de todos os programas que você vai escrever.

Variáveis: Armazenam informações que você pode usar mais tarde. **Exemplo**:

nome = "João"
print("Olá, " + nome)

Tipos de Dados: Python tem diferentes tipos de dados como **Inteiro**s, **Strings** e **Listas**. Saber como e quando usá-los é crucial.
*idade = 30 # Isso é um **Inteiro***

Controle de Fluxo: if, else e while permitem que você tome decisões e repita ações no seu código.

if idade >= 18:
    print("Você é adulto.")

Funções: Pequenos blocos de código que fazem algo específico e podem ser usados repetidamente.

def saudacao(nome):
    return "Olá, " + nome

Acredite ou não, com esses conceitos básicos, você pode fazer uma tonelada de coisas em Python. Você pode até mesmo começar a construir seus próprios projetos pequenos.

- Projetinho Rápido: Calculadora de Idade em Dias

Quer ver como o nosso 20% de conhecimento pode ser poderoso? Vamos criar uma calculadora que transforma sua idade em dias.
 # Isso é uma função
def calcular_dias_de_vida(idade):

```python
    return idade * 365

# Isso é uma variável
idade = 30

# Uso da função e da variável
dias = calcular_dias_de_vida(idade)

# Isso é controle de fluxo
if dias > 10000:
    print(f"Uau, você já viveu mais de {dias} dias!")
else:
    print(f"Você viveu {dias} dias até agora.")
```

E aí está! Você aprendeu o suficiente para começar a criar seus próprios pequenos programas. O próximo passo? Expandir essas habilidades básicas para criar algo verdadeiramente grandioso. Mas lembre-se, mesmo os projetos mais complexos são apenas uma combinação desses fundamentos.

Então, o que você acha? Pronto para mergulhar mais fundo no maravilhoso mundo de Python?

Tópico: Noções Básicas de Sintaxe

Python é conhecido por sua sintaxe limpa e fácil de entender, mas isso não significa que você pode sair escrevendo qualquer coisa e esperar que funcione. Aqui, vou mostrar os elementos fundamentais da sintaxe Python que vão cobrir cerca de 80% das suas necessidades. Pode parecer coisa de escola, mas prometo que vai valer a pena.

- Indentação

Python é peculiar quanto à indentação. Em muitas outras linguagens, você poderia fugir sem prestar muita atenção a isso. Não no Python. Aqui, a indentação é usada para indicar um bloco de código. Por **Exemplo**:

```python
if 5 > 2:
    print("Five is greater than two!")
```

Se você deslocar o print, o código vai dar um erro. A indentação é a forma do Python dizer: "Ei, esse print aqui faz parte do if."

- Comentários

Você pode ter ideias brilhantes hoje e esquecê-las amanhã. Os **Comentário**s ajudam você e outros a entender o que diabos está acontecendo no código.

```python
# Isso é um Comentário
print("Hello, World!")  # Isso também é um Comentário
```

Tópico: Variáveis e Tipos de Dados

Já tocamos brevemente nisso, mas é crucial entender o conceito de variáveis e os tipos de dados que elas podem conter. Variáveis são como pequenas caixas onde você pode armazenar informações. Pense em variáveis como gavetas em que você guarda coisas. Você coloca algo ali, fecha a gaveta (não literalmente), e então pode abrir para pegar o que colocou.

minha_idade = 29 # Guardou a idade na 'gaveta' chamada 'minha_idade'

A beleza das variáveis é que elas podem mudar (variar, sacou?).

minha_idade = 29
minha_idade = 30 # Ei, fiz aniversário!

- Tipos de Dados: Saber o Que Está na Gaveta

Imagine colocar um peixe cru na sua gaveta de roupas. Desastroso, certo?
Em Python, você também precisa saber que tipo de coisa está colocando em suas variáveis.

Inteiros (int): Números sem casas decimais.
minha_idade = 29
Ponto flutuante (float): Números com casas decimais.
minha_altura = 1.75

String (str): Texto. Sempre entre aspas.
meu_nome = "John"

Booleano (bool): Verdadeiro ou Falso. Apenas isso.
estou_feliz = True # Ou False, depende do dia

Exemplos para Fixar

Inteiros
ano_atual = 2023
ano_de_nascimento = 1994
*minha_idade = ano_atual - ano_de_nascimento # Operações com **Inteiro**s*

Ponto Flutuante
pi = 3.14
raio = 2.0
*area = pi * (raio ** 2) # Operações com floats*

String
primeiro_nome = "John"
ultimo_nome = "Doe"
nome_completo = primeiro_nome + " " + ultimo_nome # Concatenação de
***String**s*

Booleano
tem_cafe = True

tem_leite = False
posso_fazer_cafe_com_leite = tem_cafe and tem_leite   # Operações com booleanos

- Conversões de Tipo

Às vezes, você precisará mudar o tipo de uma variável. Isso é chamado de "casting".

*meu_salario = "3500" # Isso é uma **String***
*meu_salario = int(meu_salario) # Agora é um **Inteiro***

- Por que isso importa?

Se você tentar somar sua idade (um **Inteiro**) com seu nome (uma **String**), Python vai te dar um olhar confuso (na forma de um erro). Conhecer os tipos de dados e como eles interagem pode te salvar de muitos desses olhares confusos.

Você não precisa ser um cientista de foguetes para entender variáveis e tipos de dados, mas esse conhecimento é como o combustível para o seu foguete Pythoniano. É o 20% que vai te levar a 80% do caminho. E agora, com este arsenal, você está mais preparado para criar programas mais robustos e versáteis.
- Operadores Aritméticos - O Matemático Interior em Você

Você já aprendeu como armazenar e gerenciar diferentes tipos de dados em Python. Legal, né? Mas você não quer que essas variáveis fiquem apenas sentadas lá, coletando "poeira digital". É hora de colocá-las em ação, e é aí que os operadores aritméticos entram em cena.

- O Básico

Adição (+): Usado para somar números ou concatenar **String**s.
a = 3
b = 5
soma = a + b # Resultado é 8

Subtração (-): Ah, o oposto da adição. Tira um valor de outro.
diferenca = b - a # Resultado é 2

Multiplicação (*): Multiplica números, ou repete **String**s.
*produto = a * b # Resultado é 15*

Divisão (/): Divide um número por outro. O resultado é sempre um float.
quociente = b / a # Resultado é 1.6667

- Nível Intermediário
Divisão Inteira (//): Divide e arredonda para o **Inteiro** mais próximo.
*quociente_**Inteiro** = b // a # Resultado é 1*

Módulo (%): O que sobra depois de uma divisão.
resto = b % a # Resultado é 2

Exponenciação (**): Eleva um número à potência de outro.
*potencia = a ** 2 # Resultado é 9*

- **Exemplos** de Combinações

Pode apostar que você não vai usar esses operadores isoladamente. Então, vamos ver como combiná-los!

Cálculo de Área de um Círculo
raio = 5
*area_circulo = 3.14 * (raio ** 2)*

Conversão de Temperatura (Fahrenheit para Celsius)
fahrenheit = 100
*celsius = (fahrenheit - 32) * 5 / 9*

Juros Compostos
principal = 1000 # Investimento inicial
taxa = 0.05 # 5% ao ano
anos = 2 # Duração do investimento
*montante = principal * ((1 + taxa) ** anos)*
Calculadora de IMC (Índice de Massa Corporal)
altura = 1.75 # em metros
peso = 75 # em kg
*imc = peso / (altura ** 2)*

- Por que isso é tão relevante?

Na verdade, o domínio desses operadores aritméticos é uma das habilidades essenciais que você precisa ter no seu arsenal como programador. Eles são os blocos de construção de qualquer algoritmo que você pode pensar em desenvolver. Quer criar um jogo? Vai precisar deles. Quer analisar dados? Também vai precisar deles.

É como aprender a jogar acordes no violão; esses são os seus acordes na programação. E o mais legal é que essas operações básicas compõem, acredite se quiser, cerca de 80% das operações que você fará na sua vida de programador. Sim, esse é o 20% de conhecimento aritmético que te levará a 80% do caminho em qualquer projeto Python.

Então, da próxima vez que alguém disser que matemática não serve para nada, mostre a eles seu novo superpoder em Python.

Tópico: Controle de Fluxo Tornando as Coisas Interessantes

Temos os ingredientes básicos, sabemos como fazer contas e armazenar coisas. Agora, o que precisamos é de um chef de cozinha que diga quando fritar o bacon e quando preparar os ovos. No mundo da programação, esse chef é o "Controle de Fluxo".

- If, Elif, Else: As Escolhas da Vida

Vamos começar com as instruções condicionais. Imagine que você está numa festa. Você vai para a pista de dança se a música for boa, caso contrário, você fica no bar. Em Python, isso seria algo como:

```
musica_boa = True
if musica_boa:
    print("Vou para a pista de dança!")
else:
    print("Ficarei no bar.")
```

Fácil, né?

Exemplo 1: Calculadora de IMC
Vamos utilizar o que aprendemos sobre variáveis e operadores aritméticos.

```
altura = 1.75
peso = 75
imc = peso / (altura ** 2)

if imc < 18.5:
    print("Abaixo do peso")
elif 18.5 <= imc < 25:
    print("Peso normal")
else:
    print("Acima do peso")
```

- Loops: Para Quando Um Passo Não é Suficiente

Às vezes, você quer fazer a mesma coisa várias vezes. Python tem duas formas principais de fazer isso: for e while.

- For Loop

É como dizer: "Para cada amigo na minha lista de amigos, mande 'Oi'".

```
amigos = ['Alice', 'Bob', 'Charlie']
for amigo in amigos:
    print(f"Oi, {amigo}!")
```

- While Loop

Isso é mais como: "Enquanto meu copo estiver vazio, encha de cerveja".

```
copo_vazio = True

while copo_vazio:
    print("Enchendo o copo...")
    copo_vazio = False  # Condição alterada para sair do loop
```

Exemplo 2: Contador de Juros Compostos

```
principal = 1000
taxa = 0.05
anos = 0
while principal < 2000:  # Enquanto o montante for menor que 2000
```

```python
principal *= (1 + taxa)
anos += 1
print(f"Ano {anos}: {principal:.2f}")
```

Por Que Precisamos de Controle de Fluxo?

Pense nos controles de fluxo como as direções que você dá ao seu GPS. Sem isso, você estará apenas dirigindo em círculos. Essas instruções tornam seu código "inteligente", permitindo que ele reaja e tome decisões.

O 20/80 em Ação

Agora, você deve estar pensando: "É muita coisa para aprender!" Mas ei, vamos aplicar nossa regra 80/20 aqui. A maior parte do que você fará em Python, ou em qualquer linguagem de programação, gira em torno dessas estruturas básicas de controle de fluxo.

Você ficará surpreso com quantas coisas você pode fazer apenas com if, else, for e while. Esses são os 20% de elementos de controle de fluxo que serão usados em 80% do seu código. É simples assim!

- Funções - Por Que Fazer Tudo Sozinho?

E aí, futuro mestre em Python? Já dominou variáveis, operadores e controle de fluxo, certo? Ótimo, agora é hora de falar sobre funções. Não, não estamos falando daqueles eventos sociais com coquetéis e música alta. Estamos falando de tornar sua vida de programação muito mais fácil.

O Que São Funções?

Imagine um mundo onde você tem que fazer seu café manualmente toda manhã, moendo os grãos, fervendo a água e assim por diante. Agora, imagine ter uma cafeteira que faz tudo isso com o apertar de um botão. As funções são as cafeteiras do mundo da programação.

Definindo Uma Função

Criar uma função em Python é como criar um novo comando que faz algo específico. Veja como é simples:

```python
def saudacao(nome):
    print(f"Olá, {nome}!")
```

Chamando Uma Função

Agora que você tem uma função, pode usá-la quando quiser:

```python
saudacao("Alice")
# Saída: Olá, Alice!
```

Exemplo 1: Calculadora de IMC Reutilizável

Lembra do **Exemplo** do IMC? Que tal transformá-lo em uma função?

```python
def calcula_imc(altura, peso):
```

```python
imc = peso / (altura ** 2)
if imc < 18.5:
    return "Abaixo do peso"
elif 18.5 <= imc < 25:
    return "Peso normal"
else:
    return "Acima do peso"
```

Agora, qualquer vez que você quiser calcular o IMC, você pode apenas chamar calcula_imc(altura, peso) e receber instantaneamente o resultado!

- Parâmetros e Argumentos

No **Exemplo** acima, altura e peso são parâmetros da função. Quando você usa calcula_imc(1.75, 75), 1.75 e 75 são os argumentos que você está passando para a função.

Exemplo 2: Calculadora de Juros Compostos
Lembra dos juros compostos? Vamos transformar isso em uma função também.

```python
def calcula_juros(principal, taxa, objetivo):
    anos = 0
    while principal < objetivo:
        principal *= (1 + taxa)
        anos += 1
    return anos
```

- Funções Built-in e Módulos

Python vem com uma tonelada de funções prontas para usar. Quer arredondar um número? Use round(). Quer encontrar o valor máximo em uma lista? Use max().

- 20/80 em Ação

Pode parecer que estamos indo rápido, mas a verdade é que, uma vez que você pega o jeito de funções, 80% do seu trabalho se torna mais fácil. Você cria um código uma vez e reutiliza sempre que necessário. Isso não é apenas eficiente, mas também torna seu código mais fácil de ler e manter.

Tudo bem, você já tem as bases das funções. Mas adivinhe? O Python tem muito mais a oferecer. No próximo capítulo, nos aprofundaremos em algo ainda mais emocionante: **Listas** e Estruturas de Dados. Prepare-se, vai ser uma viagem e tanto!

Tópico Módulos e Bibliotecas

E aí, como está indo nessa jornada pelo universo Python? Já que você está pegando o jeito, que tal subir um nível e descobrir o maravilhoso mundo dos módulos e bibliotecas? É como entrar na Netflix e descobrir que há toda uma categoria de filmes que você ainda não explorou.

- O Que São Módulos e Bibliotecas?

Vamos ser diretos: escrever código do zero é cansativo e, francamente, não é muito inteligente quando existem toneladas de códigos prontos para serem usados. É aqui que entram os módulos e bibliotecas.

Módulo é basicamente um arquivo Python que você pode chamar em outro arquivo Python. Biblioteca é como um pacote de módulos. Você está basicamente "terceirizando" código.

- Importando Módulos

Então, como você consegue essas joias? Python torna isso absurdamente fácil.

*import math # importa o módulo **Inteiro***

Agora, você tem acesso a todas as funções matemáticas, como math.sqrt() para raiz quadrada ou math.pi para o valor de Pi.

Exemplo 1: Calculando Raiz Quadrada

```
import math

numero = 16
raiz = math.sqrt(numero)
print(f"A raiz quadrada de {numero} é {raiz}.")
```

- Importando Funções Específicas

Às vezes, você só precisa de uma coisa específica de um módulo. Python tem um truque para isso também.

```
from math import sqrt  # importa apenas a função sqrt do módulo math
raiz = sqrt(16)
```

Exemplo 2: Cronômetro

- Vamos usar o módulo time para criar um cronômetro básico.

```
import time

print("Cronômetro iniciado")
inicio = time.time()

# Algum código aqui

fim = time.time()
tempo_decorrido = fim - inicio
print(f"Cronômetro parado. Tempo decorrido: {tempo_decorrido} segundos.")
```

- Bibliotecas Populares

Numpy: Para matemática pesada
Pandas: Para manipulação de dados
Matplotlib: Para gráficos
Requests: Para fazer solicitações HTTP

Para instalar qualquer uma dessas bibliotecas, use o comando *pip install nome_da_biblioteca.*

- 20/80 em Ação

Você não precisa ser um expert em todas as bibliotecas e módulos para ser um programador Python eficaz. Lembra da nossa regra de ouro 80/20? Acredite, aprender a navegar por essas ferramentas é os 20% que você precisa para resolver 80% dos seus problemas em Python.

- Entrada do Usuário - Transforme seu Código em uma Conversa Interativa

E aí, gente! Então você já aprendeu a criar variáveis, definir funções e até mesmo importar módulos e bibliotecas. Mas você está realmente pronto para tornar seu código mais interativo? É hora de mergulhar em um dos tópicos mais práticos em programação: como lidar com a entrada do usuário. Afinal, o que é um programa se ele não puder interagir com o mundo exterior?

O Básico: Função *input()*

Digamos que você queira perguntar o nome do usuário. Fácil! Python tem uma função chamada input que faz exatamente isso.

```
nome = input("Qual é o seu nome? ")
print(f"Olá, {nome}!")
```

Exemplo 1: Calculadora Simples

Que tal fazermos uma calculadora simples que realmente pede números ao usuário?

```
num1 = float(input("Digite o primeiro número: "))
num2 = float(input("Digite o segundo número: "))
soma = num1 + num2
print(f"A soma dos números é {soma}.")
```

- Trabalhando com Tipos de Dados

Atenção! A função input() sempre retorna texto. Por isso, usamos float() no **Exemplo** acima para transformar esse texto em um número.

Exemplo 2: Um Quiz Simples

Vamos fazer um pequeno quiz que testa o conhecimento do usuário em matemática.

```
resposta = input("Quanto é 5 + 5? ")
if resposta == "10":
    print("Certo!")
else:
    print("Errado!")
```

Exemplo 3: Tomando Decisões com Entradas do Usuário

Você pode usar a entrada do usuário para fazer todo tipo de coisa, incluindo tomar decisões.

```
filme_favorito = input("Qual é o seu filme favorito? ")
if filme_favorito.lower() == "matrix":
    print("Você é uma pessoa de bom gosto!")
else:
    print("Bom, gostos variam.")
```

- Múltiplas Entradas e **Listas**

Se você quiser fazer perguntas mais complexas, também pode armazenar múltiplas entradas em uma lista.

```
números = input("Digite três números separados por vírgulas: ").split(",")
```

***Exemplo** 4: Calculadora de Média*

```
notas = input("Digite suas três notas, separadas por vírgulas: ").split(",")
média = sum([float(nota) for nota in notas]) / len(notas)
print(f"Sua média é {média}.")
```

- A Regra 20/80 na Prática

Agora, aqui está o verdadeiro valor: aprender a capturar a entrada do usuário e fazer algo útil com ela é essencial. São os 20% de conhecimento que vão tornar 80% dos seus programas infinitamente mais úteis e interativos. Isso se aplica a tudo, desde coletar dados em um formulário até criar um jogo completo.

- **Strings** e Concatenação - Palavras, Frases e o Poder de Juntá-las

Então você quer que seu programa fale, certo? Ou talvez você queira analisar algum texto, como tweets, posts de blog, ou até mesmo todo o roteiro de "Friends" (não me julgue, você sabe que é uma série clássica). Bem, para fazer qualquer coisa relacionada ao texto em Python, você vai precisar entender **Strings** e concatenação.

O Que São **Strings**?
Strings são basicamente qualquer coisa entre aspas.

```
meu_nome = "John"
```

A variável meu_nome agora contém a **String** "John". Fácil, certo?

- Aspas Duplas e Simples

Você pode usar aspas simples ou duplas para definir uma **String**.

```
aspas_simples = 'Olá, mundo!'
aspas_duplas = "Olá, mundo!"
```

Exemplo 1: Caracteres Especiais

Às vezes, você precisará incluir caracteres especiais, como quebras de linha (\n) ou tabulações (\t).

print("Linha 1\nLinha 2")

- Concatenando **String**s

Concatenar é um termo chique que significa juntar coisas. Em Python, você pode usar o sinal + para fazer isso.

nome = "John"
sobrenome = "Doe"
nome_completo = nome + " " + sobrenome

Exemplo 2: **Strings** e Números

Se você tentar concatenar um número a uma **String**, terá que fazer um pequeno ajuste.

idade = 30
print("Eu tenho " + str(idade) + " anos.")

- F-**Strings**: O Jeito Moderno

Python 3.6 trouxe um novo jeito de fazer isso: f-**Strings.**

print(f"Eu tenho {idade} anos.")

Exemplo 3: Reverso de uma **String**

Vamos fazer algo mais desafiador. Que tal inverter uma **String**?

palavra = "Python"
invertido = palavra[::-1]

- Manipulação de **String**s

Python tem várias funções embutidas para manipular **Strings**. Alguns dos mais úteis são **upper(), lower(), replace(), find() e split().**

texto = "Eu amo Python."
print(texto.upper())

Exemplo 4: Contando Ocorrências de Palavras

texto = "Eu amo Python. Python é vida."
ocorrencias = texto.lower().count("python")
print(f"A palavra 'Python' aparece {ocorrencias} vezes.")

Strings e o Princípio 20/80

Então por que estamos focando tanto em **Strings**? Bem, manipular texto é uma daquelas habilidades que você usará em pelo menos 80% dos seus projetos. É o 20% que traz 80% do valor.

Em Resumo

Strings são um dos tipos de dados mais versáteis e úteis em Python. Com eles, você pode criar mensagens de log, analisar texto, gerar relatórios e muito mais. E não se esqueça, a concatenação é sua amiga; ela torna tudo possível.

- **Listas** - Como Gerenciar o Rolê sem Perder Ninguém

Então, você está mergulhando no mundo de Python e descobrindo que há muito para ver. Mas, como você mantém o controle de tudo? No mundo da programação, a gente usa **Listas**. É como ter um caderninho mágico onde você pode guardar tudo, desde seus snacks favoritos até suas músicas top de linha.

O Que São **Listas**?

Listas são uma coleção ordenada de itens que podem ser do mesmo tipo ou diferentes. Você cria uma lista colocando os itens entre colchetes [], separados por vírgulas.

frutas = ["maçã", "banana", "manga"]

Exemplo 1: Criando e Acessando **Listas**

 # Criando uma lista de números
numeros = [1, 2, 3, 4, 5]

 # Acessando o primeiro elemento
primeiro_numero = numeros[0]

Exemplo 2: **Listas** com Diferentes Tipos de Dados

 # Sim, isso é totalmente possível
mix = [1, "dois", 3.0, "quatro"]

- Operações Comuns em **Listas**

Vamos manter o foco no que você vai realmente usar, porque, meu amigo, Python tem muita coisa para **Listas**.

Adicionar Elementos: Use o método append() para adicionar um elemento ao final da lista.
frutas.append("laranja")

Remover Elementos: O método remove() elimina um item da lista.
frutas.remove("banana")

Comprimento da Lista: A função len() te diz quantos elementos há na lista.
tamanho = len(frutas)

Exemplo 3: List Comprehensions
Às vezes você quer criar uma lista baseada em outra lista. List comprehensions são um jeito Pythonic de fazer isso.

*quadrados = [x**2 for x in numeros]*
Exemplo 4: Slicing de **Listas**

Você pode acessar partes da lista, não só um elemento por vez. Isso é útil para quando você quer uma sublista.
sub_lista = numeros[1:4]

Exemplo 5: **Listas** Aninhadas

Sim, você pode ter **Listas** dentro de **Listas**. É como Inception, mas para dados.
matrix = [[1, 2, 3], [4, 5, 6], [7, 8, 9]]

Exemplo 6: Métodos Importantes

sort(): Ordena a lista.
reverse(): Inverte a ordem da lista.
numeros.sort()
numeros.reverse()

- **Listas** e o Princípio 20/80

Parece muita informação, certo? Mas, acredite, esses conceitos são o cerne do que você vai fazer com **Listas** em Python. Eles são os 20% que vão resolver 80% dos seus problemas.

Em **Resumo**

Listas são uma das estruturas de dados mais flexíveis e fáceis de usar em Python. Com elas, você pode fazer coisas como armazenar conjuntos de dados, manipular esses dados e até mesmo criar estruturas de dados mais complexas.

Então é isso! Você agora está preparado para explorar uma gama praticamente infinita de funcionalidades, sem ter que escrever tudo do zero. No próximo capítulo, entraremos em um dos tópicos mais empolgantes da programação: Manipulação de Dados com **Pandas** e **Numpy**. Preparado para elevar seu jogo Python? Te vejo lá!

Esse tópico é como um buffet all-you-can-eat para programadores Python. Você não precisa comer tudo de uma vez, mas é bom saber que tudo está lá quando você estiver com fome de mais. Até a próxima!

Com essa visão geral da sintaxe Python, você está bem preparado para construir programas mais complexos. O incrível é que esses conceitos básicos representam a maior parte do que você usará regularmente.

Portanto, sim, você gastou cerca de 20% do seu tempo aprendendo esses conceitos e, acredite em mim, eles vão cobrir cerca de 80% das situações com as quais você se deparará em Python.

Então, está pronto para aplicar tudo isso em algo mais emocionante?

Vamos nessa!

Na próxima página, você encontrará exercícios criados para solidificar o conhecimento que você adquiriu neste capítulo. Considere isto como o seu segundo passo crucial rumo à expertise em Python. Encare o desafio com coragem, complete os exercícios sem espiar as respostas no final do livro e dê mais um passo decisivo na sua transformação em um mestre da programação.

- Exercícios focados exclusivamente em noções básicas de sintaxe:

1. Crie uma variável nome e atribua a ela o seu nome. Imprima a mensagem "Olá, [seu nome]!".
2. Declare uma variável idade e atribua a ela a sua idade. Imprima a mensagem "Você tem [idade] anos.".
3. Crie uma variável numero e atribua um número **Inteiro** a ela. Imprima o dobro desse número.
4. Declare uma variável altura e atribua um número de ponto flutuante a ela. Imprima a mensagem "Sua altura é [altura] metros.".
5. Crie uma variável ativo e atribua a ela um valor booleano. Imprima a mensagem "Status: [ativo]".
6. Declare duas variáveis numero1 e numero2 com valores diferentes. Troque os valores das variáveis sem usar uma terceira variável.

- Exercícios focados exclusivamente em operadores básicos:

7. Crie duas variáveis num1 e num2 com valores diferentes. Imprima a soma dos dois números.
8. Declare uma variável idade e atribua um valor **Inteiro**. Imprima a idade daqui a 10 anos.
9. Crie uma variável altura e outra peso. Calcule o índice de massa corporal (IMC) usando a fórmula: IMC = peso / altura^2.
10. Crie duas variáveis lado e área para calcular a área de um quadrado. Imprima a área.
11. Escreva um programa que solicita ao usuário um valor em reais e converte para dólares usando uma taxa de câmbio fictícia.
12. Crie uma variável preco_original e outra desconto para calcular o preço final de um produto. Imprima o preço com desconto.
13. Escreva um programa que converte uma temperatura em graus Celsius para Fahrenheit. A fórmula de conversão é: Fahrenheit = (Celsius × 9/5) + 32.
14. Crie uma variável minutos e converta para horas e minutos. Por **Exemplo**, 150 minutos seriam 2 horas e 30 minutos.
15. Crie uma variável comprimento e outra largura para calcular a área de um retângulo. Imprima a área.
16. Escreva um programa que solicita ao usuário o valor de três produtos e seus respectivos descontos. Calcule e imprima o valor total a ser pago.
17. Crie uma variável base e outra altura para calcular a área de um triângulo. Imprima a área.
18. Escreva um programa que solicita ao usuário o salário bruto e o desconto do INSS. Calcule o salário líquido e imprima-o.

- Exercícios focados exclusivamente em condicionais (if-else):

19. Escreva um programa que verifica se um número é positivo, negativo ou zero.
20. Crie uma variável idade e verifique se a pessoa é menor de idade (menos de 18 anos) ou maior de idade.
21. Escreva um programa que verifica se um número é par ou ímpar.
22. Crie uma variável ano e verifique se é bissexto (divisível por 4, mas não por 100, exceto se for divisível por 400).
23. Escreva um programa que determina se um estudante foi aprovado ou reprovado em um teste. A nota de aprovação é 7.
24. Escreva um programa que solicita ao usuário um número e determina se ele está entre 10 e 20 (inclusive).
25. Escreva um programa que solicita ao usuário um ano de nascimento e determina se a pessoa pode votar nas eleições (idade maior ou igual a 16 anos).
26. Crie uma variável salario e determine o imposto de renda de acordo com a tabela: até R$ 1903,98 (isento), até R$ 2826,65 (7,5%), até R$ 3751,05 (15%), até R$ 4664,68 (22,5%), acima (27,5%).
27. Escreva um programa que simula um caixa eletrônico. Peça ao usuário para digitar o valor que deseja sacar e informe quantas notas de cada valor (R$ 100, R$ 50, R$ 20, R$ 10, R$ 5, R$ 2) serão fornecidas.
28. Escreva um programa que solicita a nota de três provas e determina a média final. Se a média for maior ou igual a 7, o aluno está aprovado; caso contrário, está reprovado.
29. Crie um programa que solicita ao usuário um número de 1 a 7 e imprime o dia da semana correspondente.
30. Escreva um programa que simula um jogo de adivinhação. Gere um número aleatório entre 1 e 100 e peça ao usuário para adivinhar. Dê dicas se o número é maior ou menor.

- Exercícios que se concentram exclusivamente em loops (for e while):

31. Escreva um programa que imprime os números de 1 a 10 usando um loop for.
32. Crie um loop while que imprima os números pares de 2 a 20.
33. Escreva um programa que solicita ao usuário um número e imprime a tabuada desse número de 1 a 10.
34. Crie um programa que imprime a sequência de Fibonacci até o décimo termo.
35. Escreva um programa que imprime os números primos de 1 a 50.
36. Escreva um programa que solicita ao usuário um número e verifica se é um palíndromo.
37. Crie um loop for que itere sobre uma lista de nomes e imprima "Olá, [nome]!" para cada um.
38. Escreva um programa que solicita ao usuário um número e verifica se é perfeito (soma de seus divisores próprios é igual a ele mesmo).
39. Crie um programa que imprime a série de números pares de Fibonacci até o décimo termo.
40. Escreva um programa que simula o jogo "Pedra, Papel, Tesoura" contra o computador. O jogo deve continuar até que o jogador escolha sair.

41. Crie um programa que encontre todos os números amigos em um intervalo especificado. Números amigos são pares de números onde a soma dos divisores próprios de um número é igual ao outro número e vice-versa.
42. Escreva um programa que converta um número decimal em binário usando um loop while.
43. Crie um programa que imprime os números primos de 1 até um número especificado pelo usuário.
44. Escreva um programa que simule uma contagem regressiva para um lançamento de foguete. O programa deve imprimir os números de 10 a 1, pausando por um segundo entre cada contagem.
45. Crie um programa que encontre e imprima todos os números narcisistas em um intervalo especificado. Números narcisistas são aqueles cuja soma dos dígitos elevados à potência do número de dígitos é igual ao próprio número.

- Exercícios que se concentram exclusivamente em funções:

46. Crie uma função que verifica se um número é par. A função deve retornar True se for par e False caso contrário.
47. Escreva uma função que recebe o raio de um círculo e retorna a área. Use a fórmula: área = π * raio^2.
48. Crie uma função que calcule o fatorial de um número usando um loop. O fatorial de n é n! = n × (n-1) × (n-2) × ... × 1.
49. Escreva uma função que verifica se um número é primo ou não. A função deve retornar True se for primo e False caso contrário.
50. Crie uma função que receba uma lista de números e retorne a média dos números.
51. Escreva uma função que calcule o máximo divisor comum (MDC) de dois números.
52. Crie uma função que simule um dado. A função deve retornar um número aleatório de 1 a 6.
53. Escreva uma função que converta uma temperatura em graus Celsius para Fahrenheit. A fórmula de conversão é: Fahrenheit = (Celsius × 9/5) + 32.
54. Crie uma função que recebe uma lista de palavras e retorna a quantidade de palavras que começam com a letra "A".
55. Escreva uma função que encontre o máximo divisor comum (MDC) de uma lista de números.
56. Crie uma função que calcule o quadrado perfeito de um número. O quadrado perfeito de n é n^2.
57. Escreva uma função que receba uma lista de números e retorne uma nova lista contendo apenas os números pares.
58. Crie uma função que simule um jogo de adivinhação. A função deve gerar um número aleatório e permitir que o jogador tente adivinhar até acertar.

- Exercícios sobre Entrada do Usuário:

59. Escreva um programa que solicita ao usuário seu nome e, em seguida, imprime uma saudação personalizada.
60. Crie um programa que solicita dois números **Inteiro**s ao usuário e imprime a soma deles.
61. Escreva um programa que pede ao usuário para inserir seu ano de nascimento e calcula quantos anos ele terá em 2030.

62. Crie um programa que solicita ao usuário a temperatura em graus Celsius e imprime a temperatura equivalente em Fahrenheit.
63. Escreva um programa que pede ao usuário um número e imprime a tabuada desse número de 1 a 10.
64. Crie um programa que simula um cadastro de usuário. Peça ao usuário para inserir seu nome, idade e e-mail. Em seguida, imprima essas informações.
65. Escreva um programa que solicita ao usuário um número e verifica se ele é um número primo.
66. Crie um programa que solicita ao usuário um número e verifica se ele é um número narcisista (a soma dos dígitos elevados à potência do número de dígitos é igual ao próprio número).
67. Escreva um programa que simula uma calculadora simples. Peça ao usuário para inserir dois números e uma operação (+, -, *, /). Execute a operação e imprima o resultado.
68. Crie um programa que solicita ao usuário uma frase e conta quantas palavras há nessa frase.
69. Escreva um programa que solicita ao usuário uma sequência de números separados por vírgula. Converta essa sequência em uma lista de números e calcule a média dos números.
70. Crie um programa que simule uma pesquisa de opinião. Peça ao usuário para classificar um produto de 1 a 5. No final, calcule e imprima a média das classificações.
71. Escreva um programa que solicita ao usuário um número e verifica se ele é um número palíndromo.
72. Crie um programa que simule um jogo de adivinhação. Gere um número aleatório e permita que o jogador tente adivinhar até acertar.
73. Escreva um programa que solicita ao usuário uma frase e conta quantas vogais e consoantes há na frase.

- Exercícios que se concentram exclusivamente em **Strings** e concatenação:

74. Crie uma variável nome com seu nome. Imprima a mensagem "Olá, [nome]!".
75. Declare duas variáveis fruta1 e fruta2 com nomes de frutas diferentes. Concatene as variáveis e imprima "Gosto de [fruta1] e [fruta2]."
76. Escreva um programa que solicita ao usuário uma palavra e a imprime de trás para frente.
77. Crie uma variável palavra e conte quantas letras ela contém. Imprima "A palavra [palavra] tem [quantidade] letras."
78. Escreva um programa que solicita ao usuário seu nome e sobrenome separadamente. Em seguida, imprima "Olá, [nome] [sobrenome]!".
79. Crie uma função que recebe um nome e uma idade, e retorna uma mensagem "Meu nome é [nome] e tenho [idade] anos."
80. Escreva um programa que solicita ao usuário seu nome completo e imprime as iniciais de cada palavra.
81. Crie uma função que recebe uma lista de nomes e retorna uma única **String** com os nomes separados por vírgulas.
82. Escreva um programa que solicita ao usuário uma frase e substitui todas as ocorrências da palavra "bom" por "ótimo".
83. Crie uma função que verifica se uma palavra é um palíndromo (igual ao ser lida de trás para frente).
84. Escreva um programa que solicita ao usuário seu nome completo e imprime o nome com todas as letras maiúsculas.

85. Crie uma função que recebe uma lista de palavras e retorna a palavra mais longa.
86. Escreva um programa que solicita ao usuário uma frase e imprime a frase com as palavras em ordem reversa.
87. Crie uma função que recebe duas **Strings** e verifica se uma é um anagrama da outra (ou seja, possuem as mesmas letras em ordens diferentes).
88. Escreva um programa que solicita ao usuário uma frase e conta quantas vezes uma determinada palavra aparece na frase.

- Exercícios que se concentram exclusivamente em **Listas**:

89. Crie uma lista de cores e imprima cada cor em uma linha.
90. Declare uma lista números com números de 1 a 5. Imprima o terceiro número da lista.
91. Escreva um programa que solicita ao usuário três números e os armazena em uma lista. Imprima a lista.
92. Crie uma lista de frutas. Adicione mais uma fruta à lista e imprima a lista atualizada.
93. Escreva um programa que solicita ao usuário uma lista de nomes e imprima a quantidade de nomes na lista.
94. Crie uma função que recebe uma lista de números e retorna a soma de todos os números.
95. Escreva um programa que solicita ao usuário uma lista de números separados por vírgula.
96. Converta a **String** em uma lista de números e imprima a lista.
97. Crie uma lista de números pares de 2 a 20 usando uma compreensão de lista.
98. Escreva um programa que solicita ao usuário uma lista de palavras e retorna a lista ordenada em ordem alfabética.
99. Crie uma função que recebe uma lista de **Strings** e retorna a maior **String** da lista.
100. Escreva um programa que verifica se uma lista está vazia ou não.
101. Crie uma função que recebe uma lista de números e retorna a média dos números pares.
102. Escreva um programa que solicita ao usuário uma lista de números e cria uma nova lista apenas com os números pares da lista original.
103. Crie uma função que recebe uma lista de números e retorna uma nova lista com os números em ordem inversa.
104. Escreva um programa que solicita ao usuário uma lista de números e verifica se a lista está em ordem crescente.

Capítulo 2: Fundamentos Essenciais de Python

- Variáveis e Tipos de Dados - Quem você é e de onde vem?

Você se lembra daqueles filmes em que o personagem principal pega uma bebida, coloca um nome nela e a coloca na geladeira? Basicamente, ele deu um nome a essa bebida, assim como fazemos com as variáveis na programação.

O que são Variáveis?

Variáveis são nomes que damos para guardar informações em nossa memória digital, o computador. Essa informação pode ser desde a sua cor favorita até o saldo da sua conta bancária.

nome = "João"
saldo_bancario = 1500.50

Exemplo 1: Criando e Usando Variáveis

filme_favorito = "Inception"
print("Meu filme favorito é:", filme_favorito)

- Mas, o que é um Tipo de Dado?

Em Python, cada variável tem um "tipo". Imagine que você está em uma festa: tem as bebidas alcoólicas, os refrigerantes e os sucos. Em Python, o "tipo de dado" é similar a essa classificação.

Vamos abordar os tipos mais comuns, aqueles 20% que você precisa conhecer para 80% das situações:

String (str): Sequência de caracteres.
cidade = "São Paulo"

Inteiro (int): Números **Inteiro**s, sem ponto decimal.
idade = 27

Ponto Flutuante (float): Números com ponto decimal.
altura = 1.75

Booleano (bool): Verdadeiro (True) ou falso (False).
gosta_de_cafe = True

Exemplo 2: Descobrindo o Tipo de uma Variável

tipo_idade = type(idade)
print(tipo_idade) # Vai mostrar: <class 'int'>

- Coerção de Tipo

Às vezes, queremos mudar o tipo de uma variável. Por **Exemplo**, você pode querer transformar um número em texto para concatená-lo em uma frase.

idade_str = str(idade)
print("Eu tenho " + idade_str + " anos.")

Listas: Seu Carrinho de Compras Virtual

Listas são como sacolas onde você pode colocar várias coisas. O melhor? Você pode misturar frutas, vegetais e até um laptop na mesma sacola, porque em Python, uma lista pode conter diferentes tipos de dados.

Exemplo 4: Criando e Manipulando **Listas**

```python
# Criando uma lista de amigos
amigos = ['Ana', 'Bruno', 'Carla']

# Adicionando um amigo à lista
amigos.append('Diego')

# Removendo um amigo da lista
amigos.remove('Ana')

# Acessando um elemento pelo índice
print(amigos[0])  # Vai imprimir 'Bruno'
```

- **Tuplas**: As **Listas** Imutáveis

Pense em **Tuplas** como **Listas**, mas as "engessadas". Uma vez criada, você não pode mudá-la. É como um contrato que você não pode romper.

Exemplo 5: Criando e Usando **Tuplas**

```python
# Criando uma tupla de cores primárias
cores_primarias = ('vermelho', 'azul', 'amarelo')
# Tentando alterar um elemento
# Isso resultará em erro, pois Tuplas são imutáveis
# cores_primarias[0] = 'rosa'
```

- **Listas** Vs. **Tuplas**: Qual Usar?

Use **Listas** quando: Você precisa de uma coleção mutável. **Listas** são úteis quando você precisa adicionar, remover ou alterar coisas.

Use **Tuplas** quando: Você tem uma coleção que não deverá ser alterada ao longo do programa.

Apresentamos exercícios focados nos tipos de dados **int, float, str, bool, list** e **tuple** em Python:
- Exercícios usando Int e Float:

105. Crie uma variável que armazene sua idade em anos. Calcule quantos meses você viveu até agora (assuma 30 dias por mês).
106. Declare uma variável com o valor da constante matemática π (pi) com precisão de até 5 casas decimais.
107. Calcule a média de três notas e arredonde o resultado para duas casas decimais.
108. Converta uma temperatura em graus Celsius para Fahrenheit usando a fórmula: Fahrenheit = Celsius * 9/5 + 32.
109. Crie uma variável que armazene um valor decimal e arredonde-o para o **Inteiro** mais próximo.

- Exercícios usando **String**(str):

110. Dada uma **String**, conte quantas vezes a letra "a" aparece.
111. Substitua todas as ocorrências de "e" por "3" em uma **String**.
112. Verifique se uma **String** é um palíndromo (lê-se igual de trás para frente).
113. Crie um programa que receba uma frase e imprima-a invertida.
114. Remova todos os espaços em branco de uma **String**.

- Exercícios usando dado **Booleano** (bool):

115. Verifique se um número é par ou ímpar usando uma expressão booleana.
116. Crie um programa que pergunte se uma pessoa possui carteira de motorista e idade suficiente para dirigir.
117. Verifique se uma lista está vazia utilizando uma expressão booleana.
118. Determine se um ano é bissexto (divisível por 4, exceto anos múltiplos de 100, que devem ser divisíveis por 400).

- Exercícios usando dado Lista(list):

119. Dada uma lista de números, encontre e imprima o maior valor.
120. Remova todos os elementos duplicados de uma lista.
121. Crie um programa que inverta a ordem dos elementos de uma lista.
122. Crie uma lista de números pares de 1 a 20 utilizando uma compreensão de lista.
123. Verifique se todos os elementos de uma lista são positivos.

- Exercícios usando dado Tupla(tuple):

124. Crie uma tupla com nomes de frutas e tente modificar o valor de um elemento. O que acontece?
125. Crie uma lista de **Tuplas** representando pares de coordenadas (x, y) e calcule a distância euclidiana entre eles.
126. Crie uma função que receba uma lista de **Tuplas** contendo nome e idade, e retorne uma lista com os nomes das pessoas maiores de idade.
127. Crie um programa que pegue duas **Tuplas** e retorne uma nova tupla com elementos presentes em ambas.

Tópico: Funções e Modularidade: Os Superpoderes da Programação Eficiente

Então, você já deu seus primeiros passos na programação Python e está pronto para elevar seu jogo. É aí que entram as funções e a modularidade. Esses conceitos são como o café e o Wi-Fi para o programador moderno: essenciais para o funcionamento do dia a dia. E aqui vai a parte legal: eles se encaixam perfeitamente na filosofia de aprender 20% para alcançar 80% dos resultados.

- Funções: Os Blocos de Construção

Imagine que você está montando um quebra-cabeça. Você não começa redesenhando cada peça toda vez que precisa de uma nova, certo? Da mesma forma, as funções permitem que você crie um "molde" de código que pode ser reutilizado.

Exemplo 1: Funções Básicas
```python
def saudacao(nome):
    return f"Olá, {nome}!"
print(saudacao("Alice"))  # Saída: "Olá, Alice!"
```

Exemplo 2: Funções com Múltiplos Parâmetros
```python
def somar(a, b):
    return a + b
print(somar(5, 3))  # Saída: 8
```

- Argumentos Padrão: A Flexibilidade Suprema

E se você quiser tornar um parâmetro opcional? O Python permite que você defina valores padrão para os parâmetros.

Exemplo 3: Argumentos Padrão
```python
def saudacao(nome, saudacao_inicial="Olá"):
    return f"{saudacao_inicial}, {nome}!"
print(saudacao("Alice", "Oi"))  # Saída: "Oi, Alice!"
print(saudacao("Bob"))  # Saída: "Olá, Bob!"
```

- Modularidade: O Guarda-Roupa do Código

Agora, imagine que você tem um guarda-roupa para suas roupas. Não seria incrível ter algo semelhante para o seu código? Bem, isso é o que os módulos fazem. Eles ajudam a organizar seu código em arquivos separados que podem ser importados quando necessário.

Exemplo 4: Criando um Módulo
```python
# matematica.py
def somar(a, b):
    return a + b
def multiplicar(a, b):
    return a * b
```

Exemplo 5: Importando um Módulo
```python
# app.py
```

import matematica
resultado = matematica.somar(5, 3)
print(resultado) # Saída: 8

- Modularidade Avançada: Importações Seletivas

Às vezes, você não precisa de todo o guarda-roupa, só de uma camisa e uma calça. Python permite importações seletivas.

Exemplo 6: Importação Seletiva
from matematica import somar
resultado = somar(5, 3)
print(resultado) # Saída: 8

- O Derradeiro 20% para o seu 80%

Funções Reutilizáveis: Se você está escrevendo o mesmo código mais de duas vezes, encapsule-o em uma função.

Modularidade: Separe o código em módulos para mantê-lo limpo e reutilizável.

Importações Seletivas: Importe apenas o que você precisa. Mantenha seu código enxuto e eficiente.

Resumo

Dominar funções e modularidade pode parecer um desafio inicialmente, mas é como aprender a andar de bicicleta: uma vez que você pega o jeito, nunca mais esquece. E mais importante ainda, essas habilidades representam aquele 20% vital que vai resolver 80% dos seus problemas na programação.

Então aí está, você está armado com os superpoderes de funções e modularidade. Na próxima seção, abordaremos algo igualmente empolgante: estruturas de dados complexas!

Tópico: Tratamento de Erros Básico: Como não surtar quando tudo der errado

O tratamento de erros pode ser o herói não celebrado do mundo da programação. Se você acha que "tentar e falhar" só se aplica à vida e aos memes motivacionais, bem, pense de novo. No Python, o bom e velho try e except podem salvar o seu dia e tornar seu código à prova de balas (ou quase isso).

- Detalhes, Detalhes, Detalhes!

Um dos erros clássicos dos iniciantes é usar um except genérico para capturar todas as exceções. Mas, aqui está a realidade: você não trata um resfriado da mesma forma que trata um braço quebrado, certo? Então, por que todos os seus erros deveriam receber o mesmo "tratamento"?

```
try:
    x = int(input("Dê-me um número: "))
except ValueError:
    print("Isso não é um número, meu chapa!")
```

Nesse **Exemplo**, se o usuário inserir algo que não seja um número, como "quarenta e dois", a exceção ValueError será capturada e o programa dirá ao usuário para se situar.

- O Trio Dinâmico: try, else e finally

Vamos adicionar mais tempero com os blocos else e finally. else será executado se tudo correr bem no bloco try, enquanto finally vai funcionar como aquele amigo que está com você, aconteça o que acontecer.

```
try:
    x = int(input("Dê-me um número: "))
except ValueError:
    print("Isso não é um número, meu chapa!")
else:
    print(f"Muito bem, você inseriu o número {x}.")
finally:
    print("Esse bloco será sempre executado.")
```

- Debugging Level: Ninja

Às vezes você precisa de mais informações sobre o que deu errado. Você pode capturar a exceção em uma variável e inspecioná-la como um CSI digital.

```
try:
    x = 1 / 0
except ZeroDivisionError as e:
    print(f"Ah, cara! Algo deu errado aqui: {e}")
```

Crie Seu Próprio Hall da Fama de Erros

Se o Python não tiver uma exceção que se adeque ao seu caso específico, crie a sua própria. Isso permite uma granularidade ainda maior e faz com que seu código fique mais legível.

```
class CoffeeNotStrongEnoughError(Exception):
    pass
def make_coffee(strength):
    if strength < 10:
        raise CoffeeNotStrongEnoughError("Isso é café ou água suja?")
```

- Nunca Desperdice um Bom Erro

Você pode capturar uma exceção e, em seguida, usar raise para propagá-la. Isso é útil quando você deseja fazer algo (como logging), mas ainda quer que a exceção original seja propagada.

```python
try:
    x = 1 / 0
except ZeroDivisionError:
    print("Algum log para análise futura.")
    raise
```

- Erros Não São Semáforos

Aqui vai uma regra de ouro: não use exceções para controle de fluxo. Exceções são para situações "excepcionais", então usar para controle de fluxo é como usar um martelo para colocar um parafuso. Simplesmente não faz sentido.

- Não Se Esqueça da Limpeza

Usando finally, certifique-se de que arquivos sejam fechados, conexões de rede sejam terminadas ou qualquer outra limpeza que você precise fazer.

```python
try:
    f = open("file.txt", "r")
except FileNotFoundError:
    print("Arquivo não encontrado.")
else:
    content = f.read()
    print(content)
finally:
    if f:
        f.close()
```

- Mantenha um Diário de Erros (Logs)

Acredite em mim, você vai querer um histórico detalhado de todos os erros que ocorrerem, especialmente em produção. Use o módulo de logging do Python para isso.

O tratamento de erros pode ser um tópico um tanto ignorado, especialmente se você está mais preocupado em fazer seu código simplesmente "funcionar". Mas a realidade é que um bom tratamento de erros pode fazer a diferença entre um aplicativo que as pessoas adoram usar e um que elas abandonam devido a falhas e inconsistências. Então, reserve um tempo para entender essas melhores práticas e implementá-las no seu código. Você, seus usuários e sua sanidade mental agradecerão no futuro.

Aqui estão 10 exercícios que você pode usar para praticar o tratamento de erros em Python. Todos os exercícios incentivam o uso de **try, except, else, e finally.**

128. Divisão Segura: Crie uma função que divida dois números e use o tratamento de erros para evitar a divisão por zero.
129. Conversor de **Inteiro**: Escreva um programa que peça ao usuário para inserir um número e converta a entrada para um **Inteiro**. Capture possíveis erros quando a entrada não for um número **Inteiro**.

130. Abertura de Arquivo: Crie um programa que tente abrir um arquivo chamado file.txt e imprima seu conteúdo. Use o tratamento de erros para lidar com a situação em que o arquivo não existe.
131. Leitura de Lista: Suponha que você tenha uma lista de números. Escreva uma função que aceite um índice e tente retornar o elemento naquela posição da lista. Capture e trate possíveis exceções como IndexError.
132. Verificador de Raiz Quadrada: Crie uma função que calcule a raiz quadrada de um número. Use o tratamento de erros para evitar calcular a raiz de um número negativo.
133. Cadastro de Idade: Crie um programa que peça ao usuário para inserir sua idade. Use o tratamento de erros para garantir que a idade inserida seja um número positivo.
134. Entrada de Dicionário: Imagine um dicionário com chaves como nomes de usuários e valores como informações associadas. Crie uma função que receba uma chave e retorne o valor associado. Utilize tratamento de erros para situações onde a chave não existe no dicionário.
135. Acesso a URL: Utilize a biblioteca requests para fazer uma solicitação GET a um site. Use o tratamento de erros para lidar com possíveis exceções como timeout ou domínios inexistentes.
136. Cálculo de Logaritmo: Crie uma função que calcule o logaritmo de um número. Certifique-se de tratar casos onde o número passado é menor ou igual a zero.
137. Entrada de Data: Peça ao usuário para inserir uma data no formato dd/mm/yyyy. Use tratamento de erros para certificar-se de que a data é válida (por **Exemplo**, o mês deve estar entre 1 e 12, o dia entre 1 e 31, etc.).

Capítulo 3: Trabalhando com Estruturas de Dados

Tópico: Falando mais sobre **Listas** e **Tuplas**

Pegue sua xícara de café ou talvez um chá gelado, porque é hora de subir a aposta. Você está pronto para um mergulho profundo no reino encantado das **Listas** em Python? Trust me, isso é como aprender a pintar: no começo, você pinta por números, mas uma vez que você entende o básico, é como pintar uma obra-prima. Vamos lá.

- Vamos às **Listas**

Vamos começar do começo: uma lista é uma coleção ordenada e mutável. "Ordenada" porque mantém a ordem dos elementos e "mutável" porque, bem, você pode mudá-la.

*# **Exemplo** Básico*
friends = ['John', 'Doe', 'Jane']

Mas espere, não paramos por aí. Você pode misturar e combinar diferentes tipos de dados. Loucura, né?

 # Lista Miscelânea
misc = [1, 'Apple', 3.14, True]

- Acessando Elementos

O acesso aos elementos da lista é um pedaço de bolo. É como escolher um livro em uma prateleira; cada um tem seu próprio lugar designado.

first_friend = friends[0] # 'John'

O índice negativo? Claro, por que não? É como um loop, mas para trás.

last_friend = friends[-1] # 'Jane'

- Fatias de **Listas** (Slicing)

Às vezes você só quer uma fatia do bolo, não o bolo **Inteiro**. Python te entende.

 # Pegar os dois primeiros amigos
some_friends = friends[0:2] # ['John', 'Doe']

- Modificando Elementos

Já disse que as **Listas** são mutáveis? É como um Shape-Shifter, mas para programadores.

 # Trocar 'John' por 'Johnny'

friends[0] = 'Johnny'

- Métodos de Lista (Você vai amar isso!)

Python oferece alguns métodos úteis para trabalhar com **Listas**. Vamos começar com alguns dos mais populares.

.append(): Adiciona um elemento ao final da lista.

friends.append('Smith')

.remove(): Remove um elemento.

friends.remove('Doe')

.sort(): Quem não ama a ordem? Este método ordena a lista para você.

numbers = [5, 2, 9, 1]
numbers.sort()

- **Listas** Dentro de **Listas** (Inception Nível)

Você pode colocar **Listas** dentro de **Listas**. Não é tão complicado quanto parece.

*# Lista de **Listas***
matrix = [[1, 2, 3], [4, 5, 6], [7, 8, 9]]

- **List Comprehensions** (Para os Nerds de Eficiência)

Essa é para quando você quer ser o Flash da programação. É uma maneira elegante de criar **Listas**.

 # Quadrados de 0 a 9
*squares = [x*x for x in range(10)]*

- Por que **Listas** são tão Legais?

Flexibilidade: Você pode armazenar quase tudo.
Desempenho: Elas são otimizadas para operações comuns.
Fácil de Aprender: A sintaxe é intuitiva e fácil de memorizar.

- Dicas Rápidas:

Não Misture Tipos: Apesar de Python permitir, isso pode ser uma dor de cabeça depois.
Use Nomes Significativos: employee_list é melhor do que el.
Use a Biblioteca Padrão: Python oferece um monte de métodos úteis, aproveite-os.

Tópico: A Sutileza das **Tuplas** em Python

Suponha que você seja um DJ de dados, rodando faixas e mexendo em playlists de informações. Se as **Listas** são como as faixas mutáveis que você pode remixar a qualquer momento, as **Tuplas** são os clássicos atemporais. Não dá pra mudar, mas você não quer mexer neles de qualquer forma. Eles são perfeitos como estão. Então, aperte os cintos, porque vamos descobrir o que torna as **Tuplas** em Python tão sexy.

- O Que São **Tuplas**?

As **Tuplas** são muito parecidas com as **Listas**, mas com uma grande diferença: são imutáveis. Isso significa que uma vez definidos, você não pode alterá-los. Elas são como aquela tatuagem que você fez aos 18 anos e que não sai mais.

 # Declaração de uma Tupla
my_tuple = (1, 2, 3, "Python", 3.6)

- Por Que Usar **Tuplas**?

Você deve estar pensando: "Se as **Listas** já fazem todo o trabalho, por que preciso das **Tuplas**?" Boa pergunta! As **Tuplas** são mais rápidas que as **Listas** e protegem seus dados contra alterações indesejadas. Imagine uma constante universal, como pi (π); você colocaria em uma tupla, não em uma lista.

- Acessando Elementos

Acessar elementos em uma tupla é o mesmo que fazer em uma lista. Nenhum novo truque aqui.

 # Acessando elementos
first_element = my_tuple[0] # Retorna 1

- **Tuplas** Aninhadas

É como colocar uma caixa dentro de outra caixa, mas aqui estamos falando de dados. Sim, as **Tuplas** podem conter outras **Tuplas** como elementos.

*# **Tuplas** Aninhadas*
nested_tuple = (1, 2, (3, 4))

- Contando e Encontrando Elementos

Às vezes você precisa de estatísticas da sua coleção de dados. Nada mais fácil!

 # Contar o número de vezes que '3' aparece
count_three = my_tuple.count(3)

 # Encontrar o índice do primeiro "Python"
index_python = my_tuple.index("Python")
Unpacking (Sinta-se como um Presente)
Você pode desempacotar uma tupla em variáveis separadas. Parece mágica, mas é só Python.

 # Desempacotando

a, b, c, d, e = my_tuple

- Concatenando **Tuplas**

Tal como a adição de duas **Listas**, as **Tuplas** também podem ser concatenadas. A diferença é que você obtém uma nova tupla como resultado.

 # Concatenação
new_tuple = my_tuple + (7, 8, 9)

- Convertendo **Listas** e **Tuplas**

A vida é cheia de mudanças e, às vezes, você precisa mudar de uma lista para uma tupla ou vice-versa.

 # Lista para Tupla
list_to_tuple = tuple([1, 2, 3])

 # Tupla para Lista
tuple_to_list = list((1, 2, 3))

- Imutabilidade: Ame ou Odeie

A característica mais discutível das **Tuplas** é a imutabilidade. Ela protege seus dados, mas também significa que você não pode mudar um único valor. Mas, é isso que as torna especiais.

- Quando Usar **Tuplas**?

Constantes: Quando você tem dados que não devem ser alterados.
Integridade de Dados: Quando você quer ter certeza de que seus dados não serão alterados acidentalmente.
Hashable: Somente objetos imutáveis podem ser usados como chaves em dicionários, e as **Tuplas** se encaixam bem aqui.

- Recapitulando

Definição: Use parênteses ().
Imutável: Não se pode alterar depois de definir.
Velocidade: Mais rápido que **Listas** para leitura.
Métodos: Limitados, mas poderosos (count, index).

E aí está: um mergulho profundo no universo das **Tuplas** em Python. Elas são uma daquelas coisas que você não sabe que precisa até realmente precisar delas. E quando você faz, você se pergunta como viveu tanto tempo sem elas. Lembre-se, esse é o seu 20% que vai dar 80% dos resultados.
Continue a jornada e explore, a estrada para a maestria em Python é pavimentada com **Listas** e **Tuplas**. Feliz codificação!

Exemplos de **Listas** e **Tuplas**

Exemplo 1: Inverter uma lista

```python
my_list = [1, 2, 3, 4]
my_list.reverse()
print(my_list)  # [4, 3, 2, 1]
```

Exemplo 2: Adicionar elementos de uma lista a outra lista
```python
list1 = [1, 2]
list2 = [3, 4]
list1.extend(list2)
print(list1)  # [1, 2, 3, 4]
```

Exemplo 3: Converter lista em tupla
```python
my_list = [1, 2, 3]
my_tuple = tuple(my_list)
print(my_tuple)  # (1, 2, 3)
```

Exemplo 4: Desempacotar uma tupla em variáveis
```python
(a, b, c) = (1, 2, 3)
print(a, b, c)  # 1 2 3
```

Exemplo 5: Encontrar o elemento mais frequente em uma lista
```python
from collections import Counter.
my_list = [1, 1, 2, 3, 4, 3, 2, 3]
freq = Counter(my_list)
print(freq.most_common(1))  # [(3, 3)]
```

Exemplo 6: Listar todos os índices de um elemento em uma lista
```python
my_list = [1, 2, 3, 1, 4, 1]
indices = [index for index, value in enumerate(my_list) if value == 1]
print(indices)  # [0, 3, 5]
```

Exemplo 7: Criar uma lista de **Tuplas** a partir de duas **Listas**
```python
list1 = [1, 2, 3]
list2 = ['a', 'b', 'c']
list_of_tuples = list(zip(list1, list2))
print(list_of_tuples)  # [(1, 'a'), (2, 'b'), (3, 'c')]
```

Exemplo 8: Inverter uma tupla
```python
my_tuple = (1, 2, 3)
reversed_tuple = my_tuple[::-1]
print(reversed_tuple)  # (3, 2, 1)
```

Exemplo 9: Verificar se uma lista está vazia
```python
my_list = []
if not my_list:
    print("List is empty")  # List is empty
```

Exemplo 10: Fatiar uma lista
```python
my_list = [0, 1, 2, 3, 4]
sliced_list = my_list[1:4]
print(sliced_list)  # [1, 2, 3]
```

Exemplo 11: Ordenar uma lista de **Tuplas** pelo segundo elemento
```python
list_of_tuples = [(1, 'one'), (4, 'four'), (3, 'three')]
```

```python
sorted_list = sorted(list_of_tuples, key=lambda x: x[1])
print(sorted_list)  # [(4, 'four'), (1, 'one'), (3, 'three')]
```

Exemplo 12: Concatenar uma lista de **String**s
```python
my_list = ['Python', 'is', 'cool']
sentence = ' '.join(my_list)
print(sentence)  # Python is cool
```

Exemplo 13: Calcular a soma de todos os números em uma lista
```python
my_list = [1, 2, 3, 4]
total = sum(my_list)
print(total)  # 10
```

Exemplo 14: Encontrar a interseção de duas **Listas**
```python
list1 = [1, 2, 3]
list2 = [2, 3, 4]
intersection = list(set(list1) & set(list2))
print(intersection)  # [2, 3]
```

Exemplo 15: Contar o número de ocorrências de um elemento em uma tupla
```python
my_tuple = (1, 2, 3, 1, 2, 1)
count = my_tuple.count(1)
print(count)  # 3
```

Exemplo 16: Copiar uma lista
```python
my_list = [1, 2, 3]
new_list = my_list.copy()
print(new_list)  # [1, 2, 3]
```

Exemplo 17: Converter uma tupla em uma **String**
```python
my_tuple = ('P', 'y', 't', 'h', 'o', 'n')
str_ = ''.join(my_tuple)
print(str_)  # Python
```

Exemplo 18: Remover elementos duplicados de uma lista
```python
my_list = [1, 2, 3, 1, 2, 3]
unique_list = list(set(my_list))
print(unique_list)  # [1, 2, 3]
```

Exemplo 19: Converter uma lista de **Listas** em uma lista única
```python
list_of_lists = [[1, 2], [3, 4], [5, 6]]
flattened_list = [elem for sublist in list_of_lists for elem in sublist]
print(flattened_list)  # [1, 2, 3, 4, 5, 6]
```

Exemplo 20: Aninhar duas **Tuplas** dentro de uma terceira tupla
```python
tuple1 = (1, 2)
tuple2 = (3, 4)
nested_tuple = (tuple1, tuple2)
print(nested_tuple)  # ((1, 2), (3, 4))
```

Exercícios sobre: **Listas** e **Tuplas**:

138. Escreva um programa para inverter uma lista.
139. Adicione todos os elementos de uma lista em outra lista usando apenas um método.
140. Converta uma lista para uma tupla.
141. Escreva um código que desempacote uma tupla em diferentes variáveis.
142. Dado uma lista de números, encontre o número que mais ocorre.
143. Encontre todos os índices de um elemento em uma lista.
144. Crie uma lista de **Tuplas** a partir de duas **Listas**.
145. Escreva um código para inverter uma tupla.
146. Verifique se uma lista está vazia ou não.
147. Escreva um código para fatiar uma lista.
148. Ordene uma lista de **Tuplas** com base no segundo elemento de cada tupla.
149. Concatene uma lista de palavras para formar uma frase.
150. Calcule a soma de todos os elementos de uma lista.
151. Encontre a interseção de duas **Listas**.
152. Conte o número de ocorrências de um elemento em uma tupla.
153. Faça uma cópia de uma lista.
154. Converta uma tupla para uma **String**.
155. Remova elementos duplicados de uma lista.
156. Transforme uma lista de **Listas** em uma lista única (achatamento).
157. Aninhe duas **Tuplas** dentro de uma terceira tupla.

Tópico: Dicionários em Python: Armazenando Chaves e Valores

- Introdução:

Imagine um caderno de receitas, onde, para cada prato, há uma lista de ingredientes. No mundo Python, esse caderno é o que chamamos de "Dicionário". Aí você se pergunta: mas por quê? Porque cada prato (a chave) tem uma lista de ingredientes correspondente (o valor). Esse é o básico dos dicionários em Python. Vamos mergulhar nesse universo.

1. O Básico dos Dicionários
Um dicionário em Python é uma coleção de pares chave-valor. Ambos, chave e valor, podem ser de qualquer tipo de dado.

Exemplo 1:
```
meu_dicionario = {
    "nome": "Lucas",
    "idade": 27,
    "cidade": "São Paulo"
}
```

Nesse caso, "nome", "idade", e "cidade" são chaves, e "Lucas", 27, e "São Paulo" são seus respectivos valores.

2. Acessando e Modificando Valores

Para acessar o valor associado a uma chave, use dicionario[chave].
Exemplo 2:

print(meu_dicionario["nome"]) # Saída: Lucas
Para modificar um valor, basta associar um novo valor à chave existente.

Exemplo 3:
meu_dicionario["idade"] = 28
print(meu_dicionario) # Saída: {'nome': 'Lucas', 'idade': 28, 'cidade': 'São Paulo'}

3. Métodos Importantes de Dicionários

Dicionários em Python vêm com uma série de métodos incorporados que facilitam sua vida.

keys(): Retorna todas as chaves no dicionário.
values(): Retorna todos os valores.
items(): Retorna pares chave-valor.

Exemplo 4:
print(meu_dicionario.keys())   # Saída: dict_keys(['nome', 'idade', 'cidade'])
print(meu_dicionario.values()) # Saída: dict_values(['Lucas', 28, 'São Paulo'])
print(meu_dicionario.items()) # Saída: dict_items([('nome', 'Lucas'), ('idade', 28),
('cidade', 'São Paulo')])
4. Verificar Existência, Adicionar e Remover

Usando o operador in, você pode verificar a existência de uma chave.

Exemplo 5:
if "nome" in meu_dicionario:
*   print("Chave existente!")*

Para adicionar um novo par chave-valor:

Exemplo 6:
meu_dicionario["profissão"] = "Engenheiro"

Para remover:

Exemplo 7:
del meu_dicionario["idade"]

5. Dicionários Aninhados

Assim como **Listas** podem conter outras **Listas**, dicionários também podem conter dicionários.

Exemplo 8:
pessoas = {
*   "Lucas": {*
*   "idade": 28,*
*   "profissão": "Engenheiro"*
*   },*
*   "Mariana": {*
*   "idade": 26,*
*   "profissão": "Designer"*

```
    }
}
```

Conclusão

Dicionários em Python são ferramentas incrivelmente versáteis e são úteis em muitos cenários, especialmente quando você tem dados relacionados que deseja armazenar e acessar facilmente. Como muitas outras coisas em Python, a prática os torna simples, então vá em frente e comece a experimentar!

Mais alguns **Exemplos**:

Exemplo 1: Adicionando novos pares chave-valor
```python
# Criar um dicionário vazio
carros = {}
# Adicionar pares chave-valor
carros['Tesla'] = 'Model X'
carros['Ford'] = 'F-150'
print(carros)  # Saída: {'Tesla': 'Model X', 'Ford': 'F-150'}
```
Exemplo 2: Deletando um par chave-valor
```python
# Deletar uma chave-valor
del carros['Tesla']
print(carros)  # Saída: {'Ford': 'F-150'}
```

Exemplo 3: Verificando a existência de uma chave
```python
# Verificar se a chave existe
if 'Tesla' in carros:
    print("Tesla está no dicionário")
else:
    print("Tesla não está no dicionário")  # Saída: Tesla não está no dicionário
```

Exemplo 4: Looping através de chaves
```python
# Looping através de chaves
for marca in carros.keys():
    print(marca)
```

Exemplo 5: Looping através de valores
```python
# Looping através de valores
for modelo in carros.values():
    print(modelo)
```

Exemplo 6: Looping através de pares chave-valor
```python
# Looping através de pares chave-valor
for marca, modelo in carros.items():
    print(f"A {marca} fabrica o modelo {modelo}")
```

Exemplo 7: Usando get() para obter um valor
```python
# Usando get para obter um valor
print(carros.get('Tesla', 'Não encontrado'))  # Saída: Não encontrado
```

Exemplo 8: Usando setdefault()
```python
# Usando setdefault para obter um valor
carros.setdefault('Tesla', 'Model S')
```

```python
print(carros)  # Saída: {'Ford': 'F-150', 'Tesla': 'Model S'}
```

Exemplo 9: Copiando um dicionário
```python
# Copiando um dicionário
carros_copia = carros.copy()
print(carros_copia)  # Saída: {'Ford': 'F-150', 'Tesla': 'Model S'}
```

Exemplo 10: Criando um dicionário a partir de duas **Listas**
```python
# Criando um dicionário a partir de duas Listas
chaves = ['Nome', 'Idade', 'Sexo']
valores = ['Ana', 25, 'F']
pessoa = dict(zip(chaves, valores))
print(pessoa)  # Saída: {'Nome': 'Ana', 'Idade': 25, 'Sexo': 'F'}
```

Exemplo 11: Dicionário aninhado
```python
# Dicionário aninhado
pessoas = {
    "Lucas": {"idade": 30, "sexo": "M"},
    "Ana": {"idade": 25, "sexo": "F"}
}
print(pessoas["Lucas"]["idade"])  # Saída: 30
```

Exemplo 12: Atualizando o dicionário
```python
# Atualizando o dicionário
estoque = {'maçãs': 5, 'bananas': 2}
novo_estoque = {'maçãs': 10, 'laranjas': 7}
estoque.update(novo_estoque)
print(estoque)  # Saída: {'maçãs': 10, 'bananas': 2, 'laranjas': 7}
```

Exemplo 13: Contando frequência de caracteres
```python
# Contando frequência de caracteres em uma String
texto = "banana"
frequencia = {}
for letra in texto:
    frequencia[letra] = frequencia.get(letra, 0) + 1
print(frequencia)  # Saída: {'b': 1, 'a': 3, 'n': 2}
```

Exemplo 14: Criando dicionário com fromkeys
```python
# Criando um dicionário com fromkeys
chaves = ['a', 'e', 'i', 'o', 'u']
valor = 0
vogais = dict.fromkeys(chaves, valor)
print(vogais)  # Saída: {'a': 0, 'e': 0, 'i': 0, 'o': 0, 'u': 0}
```

Exemplo 15: Invertendo um dicionário
```python
# Invertendo um dicionário
d = {1: 'a', 2: 'b', 3: 'c'}
d_invertido = {v: k for k, v in d.items()}
print(d_invertido)  # Saída: {'a': 1, 'b': 2, 'c': 3}
```

Exemplo 16: Juntando dois dicionários com {**d1, **d2}
```python
# Juntando dois dicionários
d1 = {'a': 1}
```

```python
d2 = {'b': 2}
d_juntado = {**d1, **d2}
print(d_juntado)  # Saída: {'a': 1, 'b': 2}
```

Exemplo 17: Filtrando itens de um dicionário
```python
# Filtrando itens de um dicionário
precos = {'apple': 1.2, 'banana': 1.5, 'orange': 0.8}
precos_filtrados = {k: v for k, v in precos.items() if v > 1}
print(precos_filtrados)  # Saída: {'apple': 1.2, 'banana': 1.5}
```

Exemplo 18: Mapeando valores de um dicionário
```python
# Mapeando valores de um dicionário
precos = {'apple': 1.2, 'banana': 1.5, 'orange': 0.8}
precos_dobrados = {k: v * 2 for k, v in precos.items()}
print(precos_dobrados)  # Saída: {'apple': 2.4, 'banana': 3.0, 'orange': 1.6}
```

Exemplo 19: Ordenando um dicionário
```python
# Ordenando um dicionário
d = {'banana': 3, 'apple': 4, 'pear': 1, 'orange': 2}
d_ordenado = dict(sorted(d.items()))
print(d_ordenado)  # Saída: {'apple': 4, 'banana': 3, 'orange': 2, 'pear': 1}
```

Exemplo 20: Mesclando **Listas** em um dicionário
```python
# Mesclando Listas em um dicionário
chaves = ['Nome', 'Idade', 'Sexo']
pessoas = [['Ana', 'Paulo'], [25, 30], ['F', 'M']]
dicionario = {chaves[i]: pessoas[i] for i in range(len(chaves))}
print(dicionario)  # Saída: {'Nome': ['Ana', 'Paulo'], 'Idade': [25, 30], 'Sexo': ['F', 'M']}
```

Espero que esses **Exemplos** te ajudem a entender melhor os dicionários em Python!

Agora aqui estão 20 exercícios sobre dicionários em Python que vão ajudar você a consolidar seu conhecimento. Esses exercícios cobrem uma variedade de tópicos e vão ajudá-lo a se tornar mais confortável com dicionários em Python. Boa sorte!

Obs.: Resista à tentação de pular para as soluções.

158. Criar um dicionário vazio: Crie um dicionário vazio e imprima-o.
159. Adicionar elementos: Crie um dicionário vazio e adicione três pares chave-valor nele.
160. Deletar elementos: Crie um dicionário com 3 elementos e remova um deles.
161. Chaves em lista: Dado o dicionário {'a': 1, 'b': 2}, transforme as chaves em uma lista.
162. Valores em lista: Transforme os valores do dicionário acima em uma lista.
163. Concatenação de dicionários: Dado dois dicionários, concatene-os em um novo dicionário.
164. Checando chaves: Dado um dicionário e uma chave, verifique se a chave está presente no dicionário.
165. Iterando chaves: Imprima todas as chaves de um dicionário usando um loop.
166. Iterando valores: Imprima todos os valores de um dicionário usando um loop.
167. Iterando pares chave-valor: Utilize um loop para imprimir todos os pares chave-valor de um dicionário.
168. Cópia de dicionários: Faça uma cópia de um dicionário e prove que é uma cópia.
169. Aninhando dicionários: Crie um dicionário que contém outros três dicionários.
170. Acessando dicionários aninhados: A partir de um dicionário aninhado, acesse um valor específico.
171. Dicionário de frequências: Dado uma lista, crie um dicionário de frequências dos elementos da lista.
172. Filtrar dicionário: Dado um dicionário, filtre os pares chave-valor cujos valores são maiores que um dado número.
173. Inverter dicionário: Inverta as chaves e valores de um dicionário.
174. Dicionário para **Listas**: Transforme um dicionário em duas **Listas**, uma contendo as chaves e a outra os valores.
175. **Listas** para dicionário: Faça o oposto do exercício anterior. Dado duas **Listas**, crie um dicionário.
176. Atualizar dicionário: Utilize o método update para adicionar novos pares chave-valor em um dicionário existente.
177. Soma de valores: Dado um dicionário cujos valores são números, calcule a soma desses valores.

Tópico: Mergulhando nos Conjuntos em Python

Olá, jovem programador! Se você chegou até aqui, já conhece os princípios básicos e intermediários da programação em Python. Agora, estamos prestes a entrar em um território um pouco mais específico, mas extremamente útil: os Conjuntos (ou Sets, em inglês).

* O que são Conjuntos?

Conjuntos são uma coleção não ordenada de elementos únicos. Pense em conjuntos como grupos de itens onde a ordem não importa, e a repetição não é permitida.
Exemplo básico:
meu_conjunto = {1, 2, 3, 4}
print(meu_conjunto)

Resultado:
{1, 2, 3, 4}

- Por que usar Conjuntos?

Imagine que você esteja organizando uma festa e queira garantir que todos os convidados sejam únicos (afinal, ninguém quer clones na festa, certo?). Os conjuntos são perfeitos para situações em que a singularidade é crucial.

- Criando Conjuntos

Criar um conjunto é simples. No entanto, devido à sua natureza única, existem algumas peculiaridades que você deve observar.

Exemplo de criação:

```
# Usando chaves
conjunto_a = {1, 2, 3}

# Usando a função set()
conjunto_b = set([2, 3, 4])
```

- Adicionando e Removendo Elementos

Adicionar elementos a um conjunto é fácil, mas lembre-se de que o conjunto irá ignorar quaisquer itens duplicados.

```
conjunto = {1, 2, 3}
conjunto.add(4)
print(conjunto)

conjunto.remove(2)
print(conjunto)
```

- Operações com Conjuntos

A beleza dos conjuntos reside nas operações que você pode realizar com eles.
União: Combina os elementos de dois conjuntos.
Intersecção: Retorna os elementos presentes em ambos os conjuntos.
Diferença: Mostra os elementos que estão em um conjunto, mas não no outro.

```
a = {1, 2, 3, 4}
b = {3, 4, 5, 6}
print(a.union(b))        # {1, 2, 3, 4, 5, 6}
print(a.intersection(b)) # {3, 4}
print(a.difference(b))   # {1, 2}
```

- Particularidades dos Conjuntos

Conjuntos não suportam indexação. Portanto, você não pode fazer conjunto[1].

Conjuntos são mutáveis, o que significa que você pode adicionar ou remover itens depois de criá-los.

Mas, os conjuntos em si só podem conter tipos imutáveis (como números, **Strings** e **Tuplas**).

Exemplo:
```
# Tentando adicionar uma lista a um conjunto causará um erro
conjunto = {1, 2}
conjunto.add([3, 4])   # TypeError
```

- Conjuntos em ação

Imagine que você queira encontrar os gostos musicais em comum entre você e um amigo. Ambos têm **Listas** de suas músicas favoritas, e vocês querem criar uma nova playlist com as músicas que ambos gostam.

```
suas_musicas = {"Imagine", "Bohemian Rhapsody", "Stairway to Heaven", "Smooth"}
musicas_amigo = {"Smooth", "Hotel California", "Imagine", "Despacito"}
comum = suas_musicas.intersection(musicas_amigo)
print(f"Músicas para a playlist conjunta: {comum}")
```

Os conjuntos, apesar de não serem tão populares quanto **Listas** ou dicionários, são ferramentas poderosas no arsenal de um programador Python. Eles são ideais para manter a unicidade, filtrar duplicatas ou realizar operações matemáticas de conjunto.

Como sempre, a prática leva à perfeição. Então, mexa com conjuntos, crie seus próprios **Exemplos**, tente misturar conjuntos com outras estruturas de dados e veja o que você pode criar. Feliz codificação!

Dez **Exemplos** Práticos com Conjuntos em Python:

1. Criando um Conjunto Básico
```
my_set = {1, 2, 3, 4}
print(my_set)  # Output: {1, 2, 3, 4}
# Criamos um conjunto básico com números Inteiros.
```

2. Removendo Duplicatas de uma Lista
```
my_list = [1, 2, 2, 3, 4, 4, 5]
unique_list = set(my_list)
print(unique_list)  # Output: {1, 2, 3, 4, 5}
# Removemos os elementos duplicados da lista transformando-a em um conjunto.
```

3. Adicionar Elementos
```
my_set.add(5)
print(my_set)  # Output: {1, 2, 3, 4, 5}
# Adicionamos o elemento 5 ao conjunto.
```

4. Remover Elementos
```
my_set.remove(1)
print(my_set)  # Output: {2, 3, 4, 5}
```

Removemos o elemento 1 do conjunto.

5. União de Dois Conjuntos
set1 = {1, 2, 3}
set2 = {3, 4, 5}
union_set = set1.union(set2)
print(union_set) # Output: {1, 2, 3, 4, 5}
Realizamos a união dos dois conjuntos.

6. Intersecção de Dois Conjuntos
intersection_set = set1.intersection(set2)
print(intersection_set) # Output: {3}
Encontramos a intersecção dos dois conjuntos.

7. Diferença entre Dois Conjuntos
difference_set = set1.difference(set2)
print(difference_set) # Output: {1, 2}
Encontramos os elementos que estão no set1 mas não estão no set2.

8. Verificar se um Elemento Está Presente
print(1 in set1) # Output: True
Verificamos se o elemento 1 está presente no conjunto.

9. Verificar se um Conjunto é Subconjunto de Outro
print(set1.issubset(set2)) # Output: False
Verificamos se todos os elementos de set1 estão em set2.

10. Verificar se um Conjunto é Superset de Outro
print(set1.issuperset({1, 2})) # Output: True
Verificamos se todos os elementos do conjunto {1, 2} estão em set1.

Exercícios Propostos: Seu Caminho para a Maestria!

178. Crie um conjunto vazio e adicione os seguintes elementos: 1, 2 e 3.
179. Dado o conjunto {1, 2, 3, 4, 5}, remova o elemento 3.
180. Dado o conjunto {1, 2, 3, 4, 5}, encontre a soma de todos os elementos.
181. Dado o conjunto {1, 2, 3, 4, 5}, encontre o tamanho deste conjunto.
182. Dado o conjunto {1, 2, 3, 4, 5}, verifique se o elemento 3 está presente.
183. Dado o conjunto {1, 2, 3, 4, 5}, transforme-o em uma lista.
184. Dado o conjunto {1, 1, 2, 2, 3, 3, 4, 4, 5, 5}, remova todas as duplicatas.
185. Dado dois conjuntos {1, 2, 3} e {3, 4, 5}, encontre a união entre eles.
186. Dado dois conjuntos {1, 2, 3} e {3, 4, 5}, encontre a intersecção entre eles.
187. Dado dois conjuntos {1, 2, 3} e {3, 4, 5}, encontre a diferença entre eles.
188. Crie um conjunto com elementos de tipos diferentes como números, **Strings** e booleanos.
189. Dado o conjunto {1, 2, 3, 4, 5}, crie um novo conjunto contendo os elementos elevados ao quadrado.
190. Dado o conjunto {1, 2, 3, 4, 5}, use um método para limpar todo o conjunto.
191. Dado dois conjuntos {1, 2, 3} e {4, 5, 6}, verifique se eles são disjuntos.
192. Dado dois conjuntos {1, 2, 3} e {2, 3, 4}, atualize o primeiro conjunto com a intersecção do primeiro com o segundo.
193. Dado o conjunto {1, 2, 3, 4, 5}, faça uma cópia dele.
194. Dado dois conjuntos {1, 2, 3} e {3, 4, 5}, verifique se o primeiro é um subconjunto do segundo.
195. Dado o conjunto {'a', 'b', 'c'}, e a **String** "abc", verifique se todos os caracteres da **String** estão presentes no conjunto.
196. Dado o conjunto {1, 2, 3, 4, 5}, encontre o mínimo e o máximo elemento.
197. Dado o conjunto {1, 2, 3, 4, 5}, remova um elemento aleatório.

Tópico: Compreensão de **Listas** (List Comprehension)

Bem-vindo à mágica das list comprehensions em Python! Se você já fez uma listagem de metas para o ano (quem nunca?) ou criou um mood board no Pinterest, então você já tem uma noção de como é simplificar e otimizar seus sonhos e desejos em uma visualização clara. No mundo do Python, essa técnica oferece uma maneira mais elegante e compacta de criar **Listas**. Vamos mergulhar nessa arte.

- Introdução: O Que São List Comprehensions?

List comprehensions são uma ferramenta que nos permite construir **Listas** usando uma notação diferente. Eles são uma maneira pitoresca e Pythonica de definir e criar **Listas** em Python.

Por **Exemplo**, digamos que queremos criar uma lista de quadrados, como:

```
quadrados = []
for x in range(10):
    quadrados.append(x**2)
```

Com list comprehension, podemos simplificar esse código:

```
quadrados = [x**2 for x in range(10)]
```

Mágico, não é?

- Estrutura Básica

A estrutura de uma list comprehension é intuitiva:

[expressao for item in lista if condicao]

- Vamos destrinchar isso:

Expressão é o valor atual do item, mas pode ser transformado ou manipulado.

item é a variável que assume o valor de cada elemento na lista.

lista é a lista que estamos percorrendo.

Condição é um filtro que retorna True ou False.

- Alguns **Exemplos** Práticos

Exemplo 1: Vamos pegar os números pares de 0 a 10.
```
pares = [x for x in range(10) if x % 2 == 0]
print(pares)  # Saída: [0, 2, 4, 6, 8]
```

Exemplo 2: Transformar uma **String** em uma lista de caracteres.
```
letras = [letra for letra in "python"]
print(letras)  # Saída: ['p', 'y', 't', 'h', 'o', 'n']
```

Exemplo 3: Encontrar números comuns em duas **Listas**.
```
lista1 = [1, 2, 3, 4, 5]
lista2 = [4, 5, 6, 7, 8]
comuns = [a for a in lista1 for b in lista2 if a == b]
print(comuns)  # Saída: [4, 5]
```

- Benefícios

Elegância: Um dos maiores benefícios das list comprehensions é que elas proporcionam uma representação mais clara e enxuta, principalmente em operações simples.

Eficiência: Geralmente, são mais rápidas do que os loops tradicionais.

Flexibilidade: Eles não são limitados apenas a **Listas**; você pode criar dicionários e conjuntos também!

- Alguns Casos Avançados

Exemplo 1: Criar uma lista de **Listas**.

Suponha que você queira criar um tabuleiro de xadrez 8x8.

```
tabuleiro = [[(col, linha) for col in range(8)] for linha in range(8)]
```
Exemplo 2: Flattening uma lista de **Listas**.

Se você já trabalhou com **Listas** de **Listas** e precisou "achatar" elas, list comprehensions são perfeitas para isso.

Listas = [[1, 2, 3], [4, 5, 6], [7, 8, 9]]
*achatada = [num for sublista in **Listas** for num in sublista]*
print(achatada) # Saída: [1, 2, 3, 4, 5, 6, 7, 8, 9]

Conclusão:

As list comprehensions são uma ferramenta poderosa do Python que, quando usada corretamente, não só otimiza seu código, mas também o torna mais legível e Pythonico.
É como levar sua rotina de exercícios para o próximo nível - inicialmente pode ser um pouco desconfortável, mas uma vez que você entra no ritmo, os resultados são impressionantes. Pratique, experimente e, em breve, você criará **Listas** como um profissional!

Agora, inspire-se e comece a codificar! Experimente esses **Exemplos** e veja como você pode incorporar essa técnica em seus projetos.

Aqui estão 10 **Exemplos** de List Comprehensions para elevar seu jogo na programação Python.

1. Quadrados de Números Ímpares
 # Lista de quadrados de números ímpares de 0 a 20
*quad_impares = [x**2 for x in range(21) if x % 2 != 0]*
print(quad_impares) # Saída: [1, 9, 25, 49, 81, 121, 169, 225, 289, 361]

2. Multiplicar Elementos de Duas **Listas**
*# Multiplicar elementos correspondentes de duas **Listas***
a = [1, 2, 3]
b = [4, 5, 6]
*produto = [a[i] * b[i] for i in range(len(a))]*
print(produto) # Saída: [4, 10, 18]

3. Palavras com Mais de 3 Letras
 # Filtrar palavras com mais de 3 letras
palavras = ["oi", "mundo", "python", "incrível"]
filtro = [palavra for palavra in palavras if len(palavra) > 3]
print(filtro) # Saída: ['mundo', 'python', 'incrível']

4. Capitalizar **String**s
 # Capitalizar todas as palavras na lista
capitalizado = [palavra.capitalize() for palavra in palavras]
print(capitalizado) # Saída: ['Oi', 'Mundo', 'Python', 'Incrível']

5. Elementos Únicos
 # Retirar elementos duplicados
nums = [1, 2, 2, 3, 4, 3, 5]
unicos = list(set([num for num in nums]))
print(unicos) # Saída: [1, 2, 3, 4, 5]

6. Divisíveis por 7, mas Não por 5

```python
# Números de 200 a 300 divisíveis por 7, mas não por 5
div7_nao5 = [x for x in range(200, 301) if x % 7 == 0 and x % 5 != 0]
print(div7_nao5)  # Saída: ...
```

7. Somar **Listas** Correspondentes

```python
# Somar elementos correspondentes em duas Listas
soma = [a[i] + b[i] for i in range(len(a))]
print(soma)  # Saída: [5, 7, 9]
```

8. Lista Inversa

```python
# Inverter uma lista
invertido = [x for x in reversed(a)]
print(invertido)  # Saída: [3, 2, 1]
```

9. Fatorial de Números

```python
# Fatorial dos números de 1 a 5
import math
fatorial = [math.factorial(i) for i in range(1, 6)]
print(fatorial)  # Saída: [1, 2, 6, 24, 120]
```

10. Lista de **Tuplas**

```python
# Criar lista de Tuplas com números e seus quadrados
lista_Tuplas = [(x, x**2) for x in range(1, 6)]
print(lista_Tuplas)  # Saída: [(1, 1), (2, 4), (3, 9), (4, 16), (5, 25)]
```

Aqui estão 20 exercícios práticos para você se aprofundar em List Comprehensions. Vá em frente e mostre do que você é capaz!

198. Crie uma list comprehension para encontrar os quadrados dos números pares de 0 a 10.
199. Use uma list comprehension para inverter cada palavra em uma lista de palavras.
200. Extraia a primeira letra de cada palavra em uma lista usando list comprehension.
201. Use list comprehension para transformar uma lista de números em seus valores negativos.
202. Crie uma list comprehension que contenha números de 1 a 50 que são divisíveis por um número X.
203. Use list comprehension para filtrar palavras de uma lista que não começam com a letra 'a'.
204. Crie uma list comprehension que associa números ímpares de 1 a 10 com seus quadrados em forma de **Tuplas**.
205. Extraia os elementos de índices pares de uma lista.
206. Crie uma list comprehension para extrair caracteres únicos de uma **String**.
207. Use list comprehension para calcular o valor absoluto de cada elemento em uma lista de números.
208. Dadas duas **Listas** A e B, crie uma list comprehension que contém o produto de cada elemento de A com cada elemento de B.
209. Filtre as palavras que têm mais de X caracteres de uma lista de **Strings**.
210. Transforme uma lista de **Strings** numéricas em uma lista de **Inteiros**.
211. Gere uma lista de números ao quadrado que estão em um intervalo entre X e Y.
212. Use list comprehension para contar o número de vogais em cada palavra de uma lista.
213. Aplane uma lista de **Listas** usando list comprehension.
214. Gere uma lista das primeiras N potências de 2 usando list comprehension.
215. Crie uma list comprehension que filtra elementos de um tipo específico de uma lista.
216. Use list comprehension para separar números pares e ímpares em duas **Listas** diferentes.
217. Use list comprehension para encontrar todas as palavras em uma lista que são palíndromos.

Tópico: Melhores Práticas: Quando Usar Dicionários, Listas, Tuplas e Conjuntos?

Certo, você já deu o primeiro passo. Já se aventurou no mundo do Python e agora precisa tomar decisões. Mas quando é o momento de escolher entre dicionários, **Listas**, **Tuplas** e conjuntos? É como decidir entre pizza, hambúrguer, sushi ou tacos - todos são deliciosos, mas cada um tem seu momento ideal.

Então, vamos lá!

- Dicionários

Um dicionário é como sua lista de reprodução favorita. Sabe quando você quer ir direto àquela música específica e não quer passar por todas as outras? É aí que os dicionários brilham, graças às suas chaves e valores.

Quando usar?

Quando você precisa associar valores únicos a uma chave.
Quando a busca por um item específico é uma prioridade.

Exemplo: Imagine um cenário em que você quer armazenar informações sobre livros e seus autores.

```
livros = {
    "1984": "George Orwell",
    "O Pequeno Príncipe": "Antoine de Saint-Exupéry",
    "Duna": "Frank Herbert"
}
print(livros["1984"])  # Retorna "George Orwell"
```

- **Listas**

Listas são como uma fila no show da sua banda favorita. A ordem importa, e você pode encontrar todo tipo de gente (ou neste caso, dados) lá.

Quando usar?

Quando a ordem dos elementos é importante.
Quando é aceitável ter elementos duplicados.

Exemplo: Uma lista de tarefas que você tem para a semana.

```
tarefas = ["Ir ao mercado", "Estudar Python", "Marcar dentista", "Ir à academia"]
tarefas.append("Assistir série")
```

- **Tuplas**

Tuplas são como seus clássicos filmes favoritos em DVD. Uma vez definidos, você não pode alterá-los, mas eles são confiáveis e sempre estão lá quando você precisa.
Quando usar?

Quando você tem itens que não devem ser alterados.
Para quando deseja garantir a integridade dos dados.

Exemplo: As coordenadas de um ponto no espaço.

```
coordenadas = (4.0, 5.0)
```

- Conjuntos

Conjuntos são como aquela festa exclusiva que só permite a entrada de convidados únicos. Sem penetras, sem repetições.

Quando usar?

Quando você quer garantir que cada item seja único.
Quando precisa realizar operações de união, interseção e diferença.

Exemplo: Uma lista de presença em uma festa.

convidados = {"Alice", "Bob", "Charlie"}

- Diferenciando e Decidindo

Agora que vimos as particularidades, vejamos quando usar cada uma:

Performance: Se você vai fazer muitas buscas, dicionários e conjuntos são mais rápidos graças ao conceito de hashing. **Listas** e **Tuplas**, por outro lado, são mais lentas pois você pode precisar percorrer cada elemento.

Mutabilidade: Se você precisa de uma coleção imutável (que não pode ser alterada), use **Tuplas**. Para coleções que precisam ser alteradas frequentemente, **Listas** e dicionários são sua melhor aposta.

Unicidade: Se você quer garantir que não haja elementos duplicados, vá de conjunto.

Ordenação: Dicionários a partir do Python 3.7 mantêm a ordem de inserção, assim como **Listas**. Já os conjuntos não mantêm a ordem.

Entendendo o core de cada estrutura, você se tornará mais eficiente ao decidir qual usar. Assim como na vida, às vezes você quer aquele sushi sofisticado (tupla), e em outros momentos, está tudo bem com um hambúrguer delicioso (lista). A chave é entender o que você está tentando realizar e escolher a ferramenta certa para o trabalho.

E com o tempo, essa escolha se tornará tão natural quanto escolher o que comer no jantar.

Capítulo 4: Manipulação de Arquivos

Tópico: Leitura e Escrita de Arquivos

Então você já domina **Listas**, **Tuplas** e dicionários. Você já está dando piruetas com loops e fazendo acrobacias com funções. Mas segura aí, campeão! Você está pronto para o próximo nível? Estamos falando de manipular arquivos. Sim, aqueles mesmos que estão entulhando seu desktop ou escondidos em pastas que você nem lembra mais o nome.

- Afinal, por que ler e escrever arquivos?

Imagine que você tenha um script incrível que gera análises avançadas. Ele é o Elon Musk dos scripts. Porém, toda vez que você roda o programa, você tem que inserir manualmente todos os dados. Nada prático, certo? É como ter um Tesla, mas não poder usar o piloto automático.

Ou talvez você queira salvar os resultados gerados pelo seu código para consulta futura. Sem ler ou escrever arquivos, você estará sempre preso no loop eterno de copiar e colar. E ninguém quer viver essa vida.

- Começando com o Básico: open ()

O método open () é o seu melhor amigo aqui. Ele abre arquivos e devolve um objeto de arquivo. Simples assim.

```
# Abre um arquivo para leitura
arquivo = open ("meu_arquivo.txt", "r")
# Fecha o arquivo
arquivo.close()
```

Não se esqueça de fechar o arquivo após terminar de usá-lo. É como desligar a luz ao sair do quarto, economiza recursos.

- Leitura de Arquivos: **read(), readline(), e readlines()**

read(): Lê todo o conteúdo do arquivo e retorna uma **String**.
readline(): Lê a próxima linha do arquivo.
readlines(): Lê todas as linhas e retorna uma lista.

```
# Lendo todo o arquivo
with open("meu_arquivo.txt", "r") as arquivo:
    print(arquivo.read())
# Lendo linha por linha
with open("meu_arquivo.txt", "r") as arquivo:
    print(arquivo.readline())
# Lendo todas as linhas em uma lista
with open("meu_arquivo.txt", "r") as arquivo:
    print(arquivo.readlines())
```

- Escrita de Arquivos: **write() e writelines()**

write(): Escreve uma **String** no arquivo.
writelines(): Escreve uma lista de **String**s.

```python
# Escrevendo no arquivo
with open("novo_arquivo.txt", "w") as arquivo:
    arquivo.write("Olá, mundo!")

# Escrevendo várias linhas
linhas = ["Olá, mundo!", "Como você está?"]
with open("novo_arquivo.txt", "w") as arquivo:
    arquivo.writelines(linhas)
```

- Modos de Arquivo

"r": Modo de leitura
"w": Modo de escrita
"a": Modo append, para adicionar conteúdo ao final do arquivo
"x": Modo exclusivo, cria o arquivo se ele não existir

- Manipulando CSV e JSON

Python tem módulos built-in para trabalhar com esses formatos.

```python
# Manipulando CSV
import csv
with open("meu_arquivo.csv", mode="r") as arquivo:
    csv_reader = csv.reader(arquivo)
    for linha in csv_reader:
        print(linha)
# Manipulando JSON
import JSON
with open("meu_arquivo.JSON", "r") as arquivo:
    data = JSON.load(arquivo)
```

Conclusão

Entender como ler e escrever arquivos em Python é como conseguir sua carteira de motorista. Você tem a liberdade de ir a qualquer lugar, fazer qualquer coisa. É um game changer. É o seu 20% que vai resolver 80% dos seus problemas. E agora você está pronto para isso.

Vamos conferir alguns **Exemplos** intermediários para solidificar o seu entendimento sobre leitura e escrita de arquivos em Python.

Exemplo 1: Ler as primeiras 5 linhas de um arquivo

```python
with open("Exemplo.txt", "r") as f:
    for i in range(5):
        print(f.readline().strip())

# Neste Exemplo, estamos usando o método `readline` para ler cada linha
# O loop for percorre as primeiras 5 linhas do arquivo.
```

Exemplo 2: Escrever múltiplas linhas em um arquivo

```python
linhas = ["Olá", "Como você está?", "Tudo bem?"]
with open("Exemplo2.txt", "w") as f:
    for linha in linhas:
        f.write(linha + "\n")
# Aqui, utilizamos um loop for para escrever cada linha do array 'linhas' no arquivo.
```

Exemplo 3: Copiar o conteúdo de um arquivo para outro
```python
with open("Exemplo.txt", "r") as f1:
    with open("copia.txt", "w") as f2:
        for linha in f1:
            f2.write(linha)
# Este Exemplo lê um arquivo e copia seu conteúdo para um novo arquivo.
```

Exemplo 4: Contar o número de linhas em um arquivo
```python
with open("Exemplo.txt", "r") as f:
    print(len(f.readlines()))
# Este código abre um arquivo em modo de leitura e conta o número de linhas
usando `readlines`.
```

Exemplo 5: Anexar texto ao final de um arquivo
```python
with open("Exemplo2.txt", "a") as f:
    f.write("Nova linha\n")
# Aqui, abrimos o arquivo em modo 'append' para adicionar uma nova linha ao
final.
```

Exemplo 6: Ler um arquivo e remover linhas em branco
```python
with open("Exemplo.txt", "r") as f:
    lines = f.readlines()
    lines = [line.strip() for line in lines if line.strip()]
with open("Exemplo_sem_linhas_em_branco.txt", "w") as f:
    f.writelines("\n".join(lines))
# Este Exemplo lê um arquivo, remove linhas em branco e salva o resultado em
um novo arquivo.
```

Exemplo 7: Lendo um arquivo JSON
```python
import JSON
with open("Exemplo.JSON", "r") as f:
    data = JSON.load(f)
    print(data)
# Neste Exemplo, utilizamos o módulo JSON para ler um arquivo JSON.
```
Exemplo 8: Escrevendo em um arquivo JSON
```python
import JSON
data = {"nome": "John", "idade": 30}
with open("Exemplo8.JSON", "w") as f:
    JSON.dump(data, f)
# Este Exemplo mostra como escrever dados em um arquivo JSON.
```

Exemplo 9: Ler um arquivo CSV
```python
import csv
with open("Exemplo.csv", "r") as f:
    reader = csv.reader(f)
    for row in reader:
        print(row)
```

*# Utilizando o módulo csv, este **Exemplo** lê um arquivo CSV linha por linha.*

Exemplo 10: Escrever em um arquivo CSV
import csv
linhas = [["nome", "idade"], ["John", 30], ["Doe", 22]]
*with open("**Exemplo**10.csv", "w", newline=") as f:*
    writer = csv.writer(f)
    for linha in linhas:
        writer.writerow(linha)
*# Este **Exemplo** escreve múltiplas linhas em um arquivo CSV.*

Espero que esses **Exemplos** te ajudem a entender melhor como trabalhar com arquivos em Python!

Aqui estão 10 exercícios sobre leitura e escrita de arquivos em Python para você praticar. Lembre-se, o verdadeiro aprendizado vem do fazer. Então, mãos à obra!

218. Abra um arquivo texto e leia somente as linhas pares.
219. Escreva um programa que leia dois arquivos e os concatene em um terceiro arquivo.
220. Leia um arquivo e conte o número de ocorrências de uma palavra específica.
221. Leia um arquivo, substitua todas as ocorrências de uma palavra por outra e salve o resultado em um novo arquivo.
222. Escreva um programa que leia um arquivo e exiba o número de caracteres, palavras e linhas nele.
223. Escreva um programa que copie um arquivo de imagem (.jpg, .png, etc.) em um novo arquivo. Use o modo de leitura e escrita binária.
224. Leia um arquivo e escreva outro arquivo com o conteúdo do primeiro invertido (da última linha para a primeira, e com as palavras de cada linha invertidas).
225. Leia um arquivo de código Python e salve um novo arquivo removendo todas as linhas que começam com #, ou seja, os **Comentário**s.
226. Leia um arquivo JSON contendo uma lista de dicionários e salve os dados em um arquivo CSV.
227. Escreva um programa que tente abrir um arquivo. Se o arquivo não existir, o programa deve capturar a exceção e imprimir uma mensagem amigável.

Espero que esses exercícios te ajudem a consolidar seu conhecimento em manipulação de arquivos com Python!

Capítulo 5: Programação Orientada a Objetos Simplificada

Tópico: Conceitos de OOP (Programação Orientada a Objetos)

E aí, galera? Já pensou em dar aquele upgrade nas suas skills de programação? Hoje vamos mergulhar na maravilha que é a Programação Orientada a Objetos (OOP). Esse é o bread and butter (ou o pão com manteiga, para os não familiarizados com expressões em inglês) para quem quer levar a sério a programação em Python.

- Por Que OOP?

Primeiro, vamos ser **reaListas**. A OOP não é apenas um termo chique que os devs jogam por aí para parecer inteligentes. Ela é uma abordagem de programação que torna sua vida mais fácil, especialmente à medida que seus projetos começam a crescer. Com OOP, você pode reutilizar código como um mestre e manter sua sanidade enquanto lida com projetos complexos.

Tópico: Classes e Objetos

Imaginem que uma classe é como um molde para fazer biscoitos. Você define o molde uma vez e, depois, pode fazer quantos biscoitos quiser, todos idênticos. Em Python, você cria uma classe assim:

```python
class Cookie:
    flavor = "vanilla"
    def show_flavor(self):
        print("This cookie is", self.flavor)
```

Agora, vamos criar alguns biscoitos:

```python
cookie1 = Cookie()
cookie2 = Cookie()
cookie1.show_flavor()  # Output: This cookie is vanilla
cookie2.show_flavor()  # Output: This cookie is vanilla
```

- Construtores e Destrutores

Os métodos **__init__** e **__del__** são os construtores e destrutores. Eles inicializam e limpam os recursos, respectivamente.

```python
class Car:
    def __init__(self, brand):
        self.brand = brand
        print(f"{brand} car created.")
    def __del__(self):
        print(f"{self.brand} car destroyed.")
```

- Herança

Imagine que você tem uma classe 'Veículo' e agora quer uma classe 'Carro'. Carros são veículos, certo? Você pode herdar todas as características de um veículo para um carro e adicionar mais alguns bits aqui e ali.

```python
class Vehicle:
    def type_of_vehicle(self):
        print("I'm a generic vehicle")

class Car(Vehicle):
    def type_of_vehicle(self):
        print("I'm a car")

my_vehicle = Vehicle()
my_car = Car()

my_vehicle.type_of_vehicle()  # Output: I'm a generic vehicle
my_car.type_of_vehicle()      # Output: I'm a car
```

- Encapsulamento

Não quer que o mundo exterior mexa diretamente em algumas das variáveis do seu objeto? Encapsulamento vem ao resgate.

```python
class BankAccount:
    def __init__(self):
        self.__balance = 0
    def deposit(self, amount):
        self.__balance += amount
```

A variável __balance está oculta para o mundo exterior. Eles precisam usar o método deposit() para alterá-la.

- Polimorfismo

Isso permite que um objeto seja tratado de diferentes formas. Suponha que temos uma classe pai chamada Shape e classes filhas chamadas Rectangle e Circle. Ambas têm um método area, mas a forma de calcular é diferente para cada uma.

```python
class Shape:
    def area(self):
        pass

class Rectangle(Shape):
    def area(self, x, y):
        return x * y

class Circle(Shape):
    def area(self, r):
        return 3.14 * r * r
```

O polimorfismo permite que você use o método area para qualquer forma, e ele vai se comportar da maneira que deve, dependendo do tipo de forma.

Tópico: Classes em Python: Tornando o Código Menos Bagunçado e Mais Badass

Se você já teve a "sorte" de trabalhar com um código sem nenhuma estrutura, sabe que é tipo tentar achar a saída de um labirinto com os olhos vendados. Agora, imagine um cenário onde você pode criar suas próprias regras e seu próprio labirinto. Classes em Python são como essa espécie de arquitetura que te permite fazer exatamente isso.

- O Que São Classes, Anyway?

Imagine que você está montando um quebra-cabeça. Cada peça seria um objeto, e o desenho completo na caixa seria a classe que define como esses objetos devem ser. Uma classe é basicamente um modelo para criar objetos. Ela define as características e comportamentos que o objeto terá.

```python
# Um Exemplo básico
class Car:
    def __init__(self, brand, model):
        self.brand = brand
        self.model = model
    def display_info(self):
        return f"This is a {self.brand} {self.model}"
```

- __init__ Não é Só Um Nome Estranho

Aqui, __init__ é o que chamamos de construtor. É o primeiro método que é executado quando você cria um objeto a partir dessa classe. É como a etapa inicial do quebra-cabeça, onde você separa todas as peças com cantos.

```python
my_car = Car("Toyota", "Corolla")
print(my_car.display_info())  # Output: This is a Toyota Corolla
```

- Self: Não, não é egoísta

A palavra self é usada para se referir ao objeto que está sendo criado. É como se cada peça do quebra-cabeça tivesse um mini manual próprio de instruções.

- Métodos: As Coisas que Você Pode Fazer

Os métodos são funções dentro de uma classe. Eles definem o que um objeto dessa classe pode fazer, sem o self eles não fazem sentido, é como um carro sem motor.

```python
# Adicionando outro método
class Car:
    def __init__(self, brand, model):
        self.brand = brand
        self.model = model
    def display_info(self):
        return f"This is a {self.brand} {self.model}"
    def honk(self):
```

        return "Beep beep!"

Agora, além de mostrar informações sobre o carro, ele também pode buzinar.

```
my_car = Car("Toyota", "Corolla")
print(my_car.honk())  # Output: Beep beep!
```

- Herança: Deixando o Código Menos Redundante

Você pode criar classes com base em classes existentes. Isso é super útil porque você não tem que começar do zero toda vez.

```
# Classe pai
class Vehicle:
    def __init__(self, brand):
        self.brand = brand
# Classe filho
class Boat(Vehicle):
    def float(self):
        return "I'm floating!"
my_boat = Boat("Yamaha")
print(my_boat.float())  # Output: I'm floating!
```

Neste ponto, você deve estar percebendo como as classes tornam a programação mais organizada e eficiente. E essa é a beleza da orientação a objetos: uma estrutura sólida e lógica para seus projetos. Então, vá em frente, comece a organizar suas ideias em classes e veja seu código evoluir de um monte de funções soltas para uma obra de arte bem estruturada.

- Objetos em Python: Os Blocos de Construção da Sua Vida de Programador

Então, você já foi apresentado ao conceito de classes. Elas são como os moldes que você usa para criar algo maior. Se classes são os moldes, então os objetos são as esculturas de argila individuais que você molda usando esses moldes. Em outras palavras, objetos são instâncias de classes. Ficou claro? Não? Tudo bem, vamos detalhar.

- Criando Objetos: Nada de Big Bang Aqui

Lembra daquele **Exemplo** da classe Car? Vamos usá-lo novamente. Quando você faz algo como my_car = Car("Toyota", "Corolla"), você está criando um objeto my_car da classe Car.

```
class Car:
    def __init__(self, brand, model):
        self.brand = brand
        self.model = model
my_car = Car("Toyota", "Corolla")
```
Agora, my_car é um objeto com todos os atributos e métodos definidos na classe Car.

- Objetos têm identidades, tipo você.

Cada objeto é único. Mesmo que dois objetos sejam da mesma classe e tenham os mesmos atributos, eles são diferentes porque ocupam diferentes espaços na memória. É como se você tivesse duas esculturas idênticas de argila: mesmo que pareçam iguais, são duas coisas diferentes.

```
another_car = Car("Toyota", "Corolla")
print(id(my_car))  # Imprime um número único (Exemplo: 140420304273280)
print(id(another_car))    # Imprime outro número único (Exemplo: 140420304273488)
```

- Acessando Atributos: Conhecendo Seus Objetos Melhor

```
print(my_car.brand)  # Output: Toyota
print(my_car.model)  # Output: Corolla
```

- Brincando com Métodos: Objetos Também Podem Fazer Coisas

Lembra do método display_info() que definimos na classe Car? Você pode chamá-lo usando o objeto que criou:

```
print(my_car.display_info())  # Output: This is a Toyota Corolla
```

- Alterando Atributos: Porque Objetos Também Podem Evoluir

Você não está preso às características iniciais do objeto. Vamos dizer que você quer mudar a marca do my_car:

```
my_car.brand = "Honda"
print(my_car.display_info())  # Output: This is a Honda Corolla
```

- Objetos Aninhados: Quando a Vida Não é Tão Simples

Você pode ter objetos dentro de outros objetos, como se estivesse jogando "Inception" com seu código.

```
class Engine:
    def __init__(self, type):
        self.type = type
class Car:
    def __init__(self, brand, model, engine_type):
        self.brand = brand
        self.model = model
        self.engine = Engine(engine_type)
my_car = Car("Toyota", "Corolla", "Hybrid")
print(my_car.engine.type)  # Output: Hybrid
```
- Objetos são reutilizáveis

O poder verdadeiro de usar objetos está na reutilização de código. Criou uma classe bacana? Instancie quantos objetos você quiser e domine o mundo! Ou pelo menos faça um programa que realmente resolva problemas.

- Onde Está o Fim?

Essa é a beleza dos objetos em Python: a flexibilidade e a estrutura que eles trazem ao seu código são infinitas. Você pode criar estruturas de dados complexas, representar entidades do mundo real ou mesmo criar um sistema **Inteiro** baseado em objetos.

E o mais legal? Você está apenas arranhando a superfície. O mundo dos objetos é profundo e oferece uma tonelada de outras funcionalidades, como herança múltipla, polimorfismo e muito mais. Então, o que você está esperando? Vá em frente e comece a criar seus próprios objetos. E não se esqueça: cada objeto é um bloco de construção na sua carreira de desenvolvedor Python.

- Inicialização e o Método __init__: A Origem dos Seus Objetos

Quem nunca ouviu falar do tal do __init__ em Python, né? Mas você realmente sabe o que ele faz? Você está prestes a entender como esse pedaço curioso de código é crucial para dar vida aos seus objetos em Python. Então, abra uma aba do seu IDE favorito e prepare-se para um deep dive na inicialização de objetos.

- __init__: O Construtor, Não O Destruidor

Contrariando seu nome intimidador com underlines duplos, __init__ é na verdade o construtor de classes em Python. Construtor soa como um termo de engenharia civil, mas aqui, ele é o responsável por construir seus objetos a partir de um modelo de classe.

```python
class Car:
    def __init__(self, brand, model):
        self.brand = brand
        self.model = model
```

Sem um método __init__, seu objeto seria como um carro sem motor e rodas— basicamente, inútil.

- self: A Palavra-Chave do Narcisismo?

Você deve ter notado que o self é o primeiro argumento do __init__. Ele é o próprio objeto que está sendo criado e inicializado. Não é uma palavra reservada; você poderia chamá-lo de this ou meu_objeto_magnífico, mas siga a convenção.

- Atributos: Variáveis Que Pertencem

```python
def __init__(self, brand, model):
    self.brand = brand
    self.model = model
```
Aqui, brand e model são os atributos do objeto que está sendo criado. Eles são inicializados com os valores que você passa quando cria um novo objeto.

```python
my_car = Car("Tesla", "Model S")
```

- Default Values: Porque a Vida Não é Preto no Branco

Às vezes você quer definir um valor padrão para um atributo:

```python
def __init__(self, brand, model, is_electric=True):
    self.brand = brand
    self.model = model
    self.is_electric = is_electric
```

Args e Kwargs: Para Quando Você Não Sabe Quantas Coisas Você Não Sabe. Se você não tiver certeza de quantos argumentos serão passados, use *args e **kwargs:

```python
def __init__(self, *args, **kwargs):
    self.brand = kwargs.get('brand', 'Unknown')
    self.model = kwargs.get('model', 'Unknown')
```

- Atributos da Classe x Atributos da Instância

Em __init__, você está definindo atributos da instância. Mas você também pode ter atributos da classe:

```python
class Car:
    wheels = 4
    def __init__(self, brand, model):
        self.brand = brand
        self.model = model
```

- __init__ Não Retorna Nada, Nunca

Nunca faça return em __init__ além de None. Se você precisa fazer algo radicalmente diferente ao criar um objeto, você está provavelmente abusando do __init__.

- Aninhando Objetos

Se você é um mestre da POO, talvez queira inicializar um objeto dentro de outro objeto:

```python
class Engine:
    def __init__(self, type):
        self.type = type
class Car:
    def __init__(self, brand, model, engine_type):
        self.engine = Engine(engine_type)
```

- Além do __init__

Embora __init__ seja o construtor principal, Python tem outros métodos especiais como __new__, __del__, __str__, e muitos mais. Mas esses são assuntos para um outro dia.

- Para Encerrar: __init__ é o Começo, não o Fim

Não subestime o poder de um bom método __init__. Ele pode fazer muito mais do que apenas inicializar alguns atributos. No entanto, também não coloque toda a sua lógica de negócios dentro dele; __init__ deve ser leve e focado apenas na inicialização do objeto.

Espero que este artigo tenha sido o guia de iniciação que você precisava para entender o __init__ e dar os primeiros passos em Python com o pé direito. Agora, vá em frente, crie algumas classes, inicialize alguns objetos e comece a construir algo incrível. Você já tem as ferramentas, agora é só usar.

- Desvendando os Métodos Mágicos: **__new__**, **__del__**, e **__str__**

Então, você já conhece o __init__, certo? Mas Python, esse playground para adultos que amam lógica e odeiam rotina, tem mais a oferecer. Hoje, vamos nos aprofundar em outros três métodos mágicos: **__new__**, **__del__**, e **__str__**. Sim, eles soam como nomes de droids de Star Wars, mas são essenciais para você criar classes Pythonescas poderosas. Vamos lá?

- **__new__**: O Arquiteto da Matriz

Se __init__ é o que dá vida aos seus objetos, **__new__** é o que molda o barro do qual eles são feitos. Ele é responsável por criar uma instância da classe e devolvê-la. Raramente você precisa sobrescrever esse método, mas quando faz, você se sente como Neo escolhendo pílulas.

```python
class Singleton:
    _instance = None

    def __new__(cls):
        if cls._instance is None:
            print("Creating a new instance")
            cls._instance = super(Singleton, cls).__new__(cls)
        return cls._instance
first = Singleton()
second = Singleton()
print(first is second)  # Output: True
```

- **__del__**: O Ceifador de Objetos

O método **__del__** é o destruidor do seu objeto. Atua como um funeral para os atributos e recursos do objeto. Mas, calma, em Python, você raramente vai precisar disso graças ao garbage collector. No entanto, é útil quando você quer fazer alguma limpeza, como fechar conexões de rede ou arquivos.

```python
class FileCloser:
    def __init__(self, filename):
        self.file = open(filename, 'r')
    def __del__(self):
        self.file.close()
        print(f"{self.file.name} has been closed.")
```

- **__str__**: O Carismático

Você já tentou printar um objeto e se deparou com algo como <__main__.MyClass object at 0x7f412508>? Não é lá muito informativo, certo? É aí que **__str__** entra em cena. Esse método deve retornar uma **String** que descreva seu objeto.

```
class Person:
    def __init__(self, name, age):
        self.name = name
        self.age = age
    def __str__(self):
        return f"Person(name={self.name}, age={self.age})"

p = Person("Alice", 30)
print(p)  # Output: Person(name=Alice, age=30)
```

- Os Três Mosqueteiros Juntos

Agora que conhecemos os três métodos separadamente, como eles interagem? Vamos ver:

__new__ é chamado para criar um novo objeto.
__init__ inicializa o objeto.
Durante a vida do objeto, **__str__** pode ser chamado para representá-lo como uma **String**.
Finalmente, quando o objeto não é mais necessário, **__del__** entra em cena para fazer a limpeza.

- Dicas Práticas

Não sobrescreva **__new__** a menos que você realmente saiba o que está fazendo.
__del__ é uma espada de dois gumes; evite-o a menos que você esteja lidando com recursos que precisam ser limpos explicitamente.
Personalize **__str__** para tornar o debug mais fácil. Não subestime o poder de uma boa representação **String** do seu objeto.

- A Última Palavra

Conhecendo **__new__**, **__del__**, e **__str__**, você se torna o mestre dos métodos mágicos em Python. Com eles, você pode manipular o ciclo de vida dos seus objetos, do nascimento à morte, e até dar um charme especial para eles pelo caminho. Porém, como com qualquer recurso poderoso, use com responsabilidade.

Tópico: Métodos de Classe e Métodos Estáticos:

Você não precisa de uma instância de uma classe para usar todos os métodos. Alguns métodos pertencem à classe como um todo ou não precisam do estado de uma instância específica para funcionar.

```
class Calculator:

    @staticmethod
    def add(a, b):
        return a + b
```

```python
@classmethod
def multiply(cls, a, b):
    # aqui você poderia fazer algo que é relevante para a classe como um todo
    return a * b
```

- Métodos Privados: Os Segredos Que Guardamos

Em Python, métodos privados não são estritamente "privados". No entanto, é uma convenção usar um único sublinhado para indicar que o método não deve ser acessado diretamente.

```python
class BankAccount:
    def __init__(self, initial_balance):
        self._balance = initial_balance
    def _deduct_fees(self):
        self._balance -= 10
    def withdraw(self, amount):
        self._deduct_fees()
        self._balance -= amount
```

- Sobrecarga de Métodos: Mais de Uma Forma de Esfolar um Gato

Python não suporta sobrecarga de métodos da mesma forma que outras linguagens, mas você pode usar argumentos opcionais e ***args** e ****kwargs** para obter um efeito similar.

```python
class Polygon:
    def draw(self, *vertices):
        if len(vertices) == 3:
            print("Drawing a triangle.")
        elif len(vertices) == 4:
            print("Drawing a rectangle.")
```

- Recursão: Métodos Que Se Chamam

A recursão em métodos também é possível e pode ser útil, mas cuidado com o risco de estouro de pilha!

```python
class Factorial:
    def calculate(self, n):
        if n == 1: return 1
        return n * self.calculate(n - 1)
```

- Encadeamento de Métodos: O Estilo Fluent

No encadeamento de métodos, cada método retorna o próprio objeto (self), permitindo que você chame múltiplos métodos em uma única linha.

```python
class Coffee:
    def __init__(self):
        self.temperature = 75
    def sip(self):
```

```python
        print(f"Sipping at {self.temperature} degrees.")
        return self
    def cool_down(self):
        self.temperature -= 5
        return self
```

Conclusão

Métodos são os pilares da programação orientada a objetos em Python. Eles tornam seus objetos interativos, mantêm o encapsulamento de dados e podem até ser compartilhados entre todas as instâncias de uma classe. E a melhor parte? Você pode criar suas próprias ações. Isso é o que eu chamo de personalização!

Então, vá em frente. Faça seus objetos dançarem conforme sua música. Isso é o que torna a OOP não apenas poderosa, mas também incrivelmente flexível e divertida.

Tópico: Encapsulamento: Mantendo Segredos, Como Num Relacionamento Sério Com Seu Código

Se você acha que "encapsulamento" parece uma palavra científica e complexa, relaxe. Vamos falar sobre ela em um idioma que todos nós, adultos jovens tentando se virar, podemos entender. Imagine o encapsulamento como um filtro do Instagram para o seu código: você mostra apenas o que quer, e o resto permanece oculto. Nada de bagunça ou desordem; apenas os melhores ângulos. Agora, vamos decodificar isso.

- Por Que Encapsulamento?

Por que você colocaria senha no seu celular? Para manter pessoas de fora, certo? O encapsulamento é similar. Ele ajuda a esconder os detalhes internos de como sua classe está implementada. O usuário da classe (outro desenvolvedor, talvez você no futuro) só precisa se preocupar com o que a classe faz, não como ela faz.

- Atributos Públicos, Privados e Protegidos

Em Python, qualquer variável em uma classe é pública por padrão. Mas se você for como eu e não quiser que todo mundo saiba de tudo, você pode torná-los privados ou protegidos.

Público: Todo mundo pode ver.
```python
class Car:
    def __init__(self):
        self.speed = 0
```

Privado: Apenas acessível dentro da própria classe. Python usa um duplo sublinhado como prefixo.
```python
class Car:
    def __init__(self):
        self.__speed = 0
```

Protegido: Acessível na classe e em suas subclasses. Python usa um único sublinhado como prefixo.

```python
class Car:
  def __init__(self):
    self._speed = 0
```

- Getters e Setters: O Jeito Formal de Fofocar

Se os seus atributos são privados, como você vai acessá-los? Através de métodos públicos em sua classe.

```python
class BankAccount:
  def __init__(self, initial_balance):
    self.__balance = initial_balance
    # Getter
  def get_balance(self):
    return self.__balance
    # Setter
  def set_balance(self, new_balance):
    if new_balance >= 0:
      self.__balance = new_balance
```

- Encapsulamento e Métodos: Seus Segredos Mais Sujos

Assim como atributos, você também pode tornar métodos privados.

```python
class Diet:
  def __init__(self):
    self.__calories = 2000
  def __update_calories(self, value):
    self.__calories += value
  def eat(self, food):
    if food == "apple":
      self.__update_calories(95)
    elif food == "pizza":
      self.__update_calories(300)
```

Nesse **Exemplo**, __update_calories é um método privado. É uma ação que só faz sentido dentro do contexto do objeto, então torná-lo privado mantém a interface da classe limpa e intuitiva.

- Princípio do Menor Privilégio

Ou como eu gosto de chamar, "Por que você deveria ser um control freak". O usuário (ou qualquer outra parte do código que interage com o seu) deve ter apenas as permissões mínimas necessárias para fazer o que precisa ser feito. Não dê a ninguém acesso ao seu método que recalcula toda a sua base de dados se tudo o que eles precisam fazer é adicionar um novo registro, certo?

Conclusão

O encapsulamento é mais do que apenas uma técnica de programação; é uma filosofia. É sobre entender que nem todo mundo precisa saber de tudo. No mundo real, você não daria a senha do seu Wi-Fi para todo mundo na sua rua. Da mesma forma, no mundo da OOP, não é todo mundo que precisa ter acesso a todos os aspectos dos seus objetos. Mantenha seus segredos bem guardados, e você terá um código mais seguro, mais fácil de manter e, o mais importante, mais profissional.

Então vá em frente, comece a encapsular como um profissional!

Tópico: Herança e Extensão: Porque Reinventar a Roda é Para Amadores

E aí? Se você já ouviu falar de herança e extensão em programação e achou que parece algo saindo de um filme de ficção científica, bem, você não está sozinho. Mas aqui está a coisa: esses conceitos são basicamente como aqueles remixes que pegam uma música já legal e a tornam ainda melhor. Você não está começando do zero; você está construindo sobre algo que já existe. Vamos nessa?

- Entendendo a Herança: A Vida Não Começa do Zero

Lembra quando você era criança e herdava roupas dos seus irmãos mais velhos? É meio que a mesma ideia aqui. Em Programação Orientada a Objetos (OOP), a herança permite que uma classe (a "classe filha") herde atributos e métodos de outra classe (a "classe pai").

```python
# Classe pai
class Animal:
    def __init__(self, name):
        self.name = name
    def make_sound(self):
        return "Some generic animal sound"
# Classe filha
class Dog(Animal):
    def make_sound(self):
        return "Woof, woof!"
# Uso
my_dog = Dog("Buddy")
print(my_dog.make_sound())  # Output: Woof, woof!
```

A classe Dog herda de Animal e então sobrescreve o método make_sound. Isso é eficiência, galera!

- Extensão: Tipo, Deixando a Coisa Toda Mais Legal

Mas e se você não quiser apenas copiar o que a classe pai faz, mas adicionar algo a mais? É aí que entra a extensão.

```python
# Classe pai
class Car:
    def __init__(self, brand, model):
        self.brand = brand
        self.model = model
    def start(self):
        return "Starting the car."
```

```python
# Classe filha
class ElectricCar(Car):
    def __init__(self, brand, model, battery_life):
        super().__init__(brand, model)
        self.battery_life = battery_life
    def start(self):
        original_message = super().start()
        return f"{original_message} But silently, because I'm electric!"
```

Repare que usamos super() para chamar métodos da classe pai dentro da classe filha. Isso é extensão em sua forma mais pura.

- Polimorfismo: O Mesmo, Mas Diferente

A classe pai pode não ter ideia de como a classe filha vai implementar um método, e isso é o que chamamos de polimorfismo. É como quando seus pais dizem "Faça o que quiser, só não me decepcione". Basicamente, você pode substituir a classe pai pela classe filha e esperar que ela funcione.

```python
def animal_sound(animal):
    print(animal.make_sound())
animal_sound(Dog("Buddy"))  # Output: Woof, woof!
```

- Herança Múltipla: Por que Dois é Melhor que Um?

Python suporta herança múltipla, o que significa que uma classe filha pode herdar de mais de uma classe pai. No entanto, a menos que você saiba exatamente o que está fazendo, isso pode levar a alguns problemas realmente confusos (tipo, nível labirinto de espelhos).

- DRY (Don't Repeat Yourself): A Regra de Ouro

A maior vantagem de usar herança e extensão é que você evita a repetição de código. Se você se vê copiando e colando código, você provavelmente deveria estar usando herança.

- Encapsulamento e Herança: Mantendo os Segredos na Família

A herança também respeita o encapsulamento. Se um atributo é privado na classe pai, ele permanecerá inacessível diretamente da classe filha. No entanto, qualquer método público na classe pai que modifique esse atributo ainda funcionará.

Conclusão: Seja Um Construtor, Não Um Inventor

Herança e extensão são sobre construir sobre o que já existe, em vez de começar do zero toda vez. Em um mundo onde o tempo é dinheiro, isso não é apenas inteligente; é necessário. Então, comece a pensar como um herdeiro e menos como um pioneiro solitário. Você não apenas escreverá menos código, mas o código que você escrever será mais fácil de entender, manter e expandir.

É isso aí, você agora é praticamente nobreza em OOP. Vá em frente e herde como se não houvesse amanhã!

Vamos mergulhar nesses **Exemplos**:

- Classes e Objetos:

Definição de Classe e Criação de Objeto:

```
class Car:
    color = "red"
# Criando um objeto da classe Car
my_car = Car()
print(my_car.color)  # Output: red
```

Adicionando Atributos a Objetos:

```
class Dog:
    pass
dog1 = Dog()
dog1.name = "Buddy"
print(dog1.name)  # Output: Buddy
```

- Inicialização e os Métodos **__init__**, **__new__**, **__del__** e **__str__**

__init__ para inicializar:

```
class Cat:
    def __init__(self, name):
        self.name = name
cat1 = Cat("Whiskers")
print(cat1.name)  # Output: Whiskers
```

__str__ para representação em **String**:

```
class Book:
    def __init__(self, title):
        self.title = title
    def __str__(self):
        return f"Book title: {self.title}"
my_book = Book("Python Rocks!")
print(my_book)  # Output: Book title: Python Rocks!
```

__del__ para ações de limpeza:

```
class File:
    def __init__(self, name):
        self.name = name
    def __del__(self):
        print(f"File {self.name} was deleted!")
file1 = File("document.txt")
del file1  # Output: File document.txt was deleted!
```

__new__ para controle de instânciação:

Note que **__new__** é menos comum e é usado principalmente para controle avançado de criação de instância.

```python
class Singleton:
    _instance = None
    def __new__(cls):
        if not cls._instance:
            cls._instance = super(Singleton, cls).__new__(cls)
        return cls._instance
singleton1 = Singleton()
singleton2 = Singleton()
print(singleton1 is singleton2)  # Output: True
```

- Métodos:

Método para calcular área:

```python
class Rectangle:
    def __init__(self, width, height):
        self.width = width
        self.height = height
    def area(self):
        return self.width * self.height
rectangle1 = Rectangle(4, 5)
print(rectangle1.area())  # Output: 20
```

- Método que modifica atributos:

```python
class Counter:
    def __init__(self):
        self.count = 0
    def increment(self):
        self.count += 1
counter1 = Counter()
counter1.increment()
print(counter1.count) # Output: 1
```

- Encapsulamento:

Atributo protegido: (com um único sublinhado):

```python
class Person:
    def __init__(self, age):
        self._age = age
person1 = Person(25)
print(person1._age)  # Não é uma prática comum. Output: 25
```

Atributo privado: (com dois sublinhados) e método para acessá-lo:

```python
class Employee:
    def __init__(self, salary):
```

```python
    self.__salary = salary
  def get_salary(self):
    return self.__salary
employee1 = Employee(50000)
print(employee1.get_salary())  # Output: 50000
```

* Herança e Extensão:

Classe base e classe derivada:

```python
class Animal:
  def sound(self):
    return "Some sound"
class Dog(Animal):
  def sound(self):
    return "Woof!"
dog1 = Dog()
print(dog1.sound())  # Output: Woof!
```

* Herança múltipla:

```python
class A:
  def method_A(self):
    return "Method of class A"
class B:
  def method_B(self):
    return "Method of class B"
class C(A, B):
  pass
c1 = C()
print(c1.method_A())  # Output: Method of class A
print(c1.method_B())  # Output: Method of class B
```

* Utilizando super():

```python
class Parent:
  def method(self):
    return " Isto é da classe pai"
class Child(Parent):
  def method(self):
    return super().method() + ", mas isso é da classe filho"
child1 = Child()
print(child1.method())  # Saída: Isto é da classe pai, mas isto é da classe filha
```

Agora, vá em frente e pratique esses conceitos. Você vai perceber que OOP em Python é mais fácil do que parece!

Aqui você encontra exercícios práticos cobrindo diversos tópicos. Eles são ferramentas poderosas para você aperfeiçoar suas habilidades e se tornar um programador de destaque. Resista à tentação de espiar as respostas; o esforço em resolver os desafios por conta própria é crucial para solidificar seu entendimento e construir uma base sólida.

- Classes e Objetos:

228. Crie uma classe Person e inicialize os atributos name e age.
229. Instancie três objetos da classe Person.
230. Adicione um atributo gender à classe Person.
231. Crie uma classe Car com atributos make e model e instancie um objeto dela.
232. Crie uma classe Book e inicialize o atributo title. Instancie três objetos da classe Book.

- Inicialização e os Métodos __init__, __new__, __del__, e __str__:

233. Adicione um método __init__ à classe Person que inicializa name e age.
234. Crie uma classe Student que herda de Person e tem um novo atributo grade. Use __init__ para inicializá-lo.
235. Crie uma classe Employee e utilize o método __str__ para retornar uma representação textual amigável do objeto.
236. Crie uma classe Singleton usando o método __new__ para retornar uma única instância da classe.
237. Utilize o método __del__ em uma classe DatabaseConnection para fechar a conexão com o banco de dados quando o objeto é destruído.

- Métodos:

238. Adicione um método describe() à classe Person que retorna uma **String** descrevendo a pessoa.
239. Crie uma classe Circle e adicione um método que calcula a área do círculo.
240. Adicione um método is_even() em uma classe Number que retorna True se o número é par e False caso contrário.
241. Crie uma classe BankAccount com um método para depositar dinheiro.
242. Adicione um método à classe BankAccount para sacar dinheiro.

- Encapsulamento:

243. Implemente encapsulamento na classe BankAccount para ocultar o atributo balance.
244. Crie uma classe PasswordManager que usa encapsulamento para proteger um atributo password.
245. Use métodos get e set para acessar atributos privados em uma classe StudentRecord.
246. Crie uma classe Inventory e use encapsulamento para proteger uma lista de itens.
247. Em uma classe Temperature, utilize métodos get e set para acessar uma temperatura privada que deve sempre ser armazenada em graus Celsius.

- Herança e Extensão:

248. Crie uma classe Vehicle e estenda-a com subclasses Car e Bike.
249. Implemente uma classe Shape com um método area(). Crie classes Rectangle e Circle que herdam de Shape.
250. Crie uma classe Animal com um método sound(). Faça classes Dog e Cat herdarem de Animal.
251. Use super() em uma classe derivada para chamar um método da classe pai.
252. Implemente herança múltipla com classes Father, Mother, e Child.

Espero que esses exercícios te ajudem a se familiarizar mais com a Programação Orientada a Objetos em Python. Vale lembrar que esses exercícios foram testados em ambientes variados, então você pode encontrar erros quando executar em seu próprio setup. Encare isso como uma oportunidade de ouro para praticar a habilidade essencial de "debugar" código.

Bom estudo!

Capítulo 6 : Bibliotecas e Módulos Fundamentais

Tópico: Importação e Uso de Módulos

Vamos falar de algo que está no DNA de qualquer desenvolvedor Python: a importação de módulos. Sabe quando você quer fazer algo realmente cool e descobre que já existe uma solução pronta para isso? Essa é a mágica da importação de módulos em Python: você tem um problema e, voilà, importe um módulo e resolva.

- Importação Simples

A forma mais direta de importar um módulo é usar a palavra-chave import. Por **Exemplo**, se você quer usar funções matemáticas, você pode importar o módulo math.

import math
result = math.sqrt(25)
print(result) # Saída: 5.0

- Importação com Alias

Às vezes, o nome do módulo é muito longo ou você só quer ser diferentão Você pode dar um apelido (alias) para o módulo que está importando.

import math as m

result = m.sqrt(16)
print(result) # Saída: 4.0

- Importação Direta de Funções ou Classes

Suponhamos que você queira apenas uma função específica de um módulo. Você pode fazer uma importação direta.

from math import sqrt
result = sqrt(9)
print(result) # Saída: 3.0

- Importação de Tudo (Wildcards)

Sim, você pode importar tudo de um módulo usando *. Mas, cuidado, isso não é considerado uma boa prática, porque você pode acabar com nomes duplicados no seu espaço de nomes.

*from math import ***
result = sqrt(4) + factorial(5)
print(result) # Saída: 4.0 + 120 = 124.0

Tópico: Exemplos na Vida Real

- Usando o Módulo datetime

Já tentou marcar um encontro com a pessoa que você está afim e quis parecer super planejado? Use o módulo datetime.

```python
from datetime import datetime, timedelta
now = datetime.now()
date_in_7_days = now + timedelta(days=7)
print(f"Nos vemos no próximo encontro que será em {date_in_7_days}!")
```

- Usando o Módulo os

Se você já quis manipular diretórios ou arquivos, o módulo os é um salva-vidas.

```python
import os
# Crie um novo diretório
os.mkdir("NewFolder")
# Renomeie o diretório
os.rename("NewFolder", "OldFolder")
# Remova o diretório
os.rmdir("OldFolder")
```

- Usando o Módulo requests

Se você está interagindo com APIs ou simplesmente raspando dados de sites, o módulo requests é imprescindível.

```python
import requests
response = requests.get('https://api.github.com')
data = response.JSON()
print(f"Status: {data['status']}")
```

- Importação Relativa e Absoluta em Projetos Maiores

Quando você está trabalhando em um projeto grande, às vezes você terá que importar módulos que estão em diferentes diretórios. Para isso, você pode usar importação relativa e absoluta.

- Importação Absoluta: você especifica o caminho completo para o módulo ou pacote que está importando.

```python
from my_project.my_module import my_function
```

- Importação Relativa: você importa um módulo relativo ao módulo atual, geralmente usando . para o diretório atual e .. para o diretório pai.

```python
from .my_module import my_function
```

Conclusão

Importar módulos é como usar blocos de construção de Lego: você pega blocos pré-fabricados e os junta para criar algo incrível. O melhor de tudo é que você não precisa entender a mecânica por trás desses blocos para fazer algo funcional e, às vezes, até mesmo impressionante.

Agora você não só sabe como importar módulos, mas também como fazê-lo de forma eficaz. Vá em frente, experimente e divirta-se resolvendo problemas complexos com apenas algumas linhas de código!

Lembre-se, o Python é tanto sobre eficiência quanto é sobre legibilidade e comunidade. Então, não hesite em explorar mais e compartilhar seus conhecimentos. Isso é o que nos torna melhores desenvolvedores.

Tópico: Exemplos Práticos - Módulos OS, Random, Datetime e JSON

Quando você foi criança, talvez tenha tido um daqueles kits de mágica. Lembra da empolgação de aprender truques novos e exibir para seus amigos e família? Bem, prepare-se para reviver essa emoção. Mas, ao invés de truques com cartas e coelhos, teremos módulos Python. Então, pegue seu chapéu mágico, e vamos começar!

- Módulo OS - Domine o Sistema de Arquivos

Imagine que você queira criar uma pasta para salvar seus scripts mágicos em Python.

Criando um Novo Diretório

```
import os
os.mkdir('MyMagicScripts')
```

Verificar os Arquivos em um Diretório

```
for file in os.listdir('.'):
    print(file)
```

Renomear um Arquivo

```
os.rename('old_magic.py', 'new_magic.py')
```

- Módulo random - Magia Aleatória

Seja para decidir onde jantar ou qual música ouvir, deixe a escolha para o Python.

- Escolhendo uma Música Aleatoriamente

```
import random
songs = ['Abracadabra.mp3', 'MagicMood.ogg', 'WizardWaltz.wav']
print(random.choice(songs))
```

- Gerando um Número Aleatório para um Jogo

```
print(random.randint(1, 100))
```

Tópico datetime - Manipule o Tempo

Programadores não precisam de DeLoreans para brincar com o tempo!

Obtendo a Data e Hora Atual

```python
from datetime import datetime
now = datetime.now()
print(now)
Dias até o Próximo Halloween

next_halloween = datetime(now.year, 10, 31)
if now > next_halloween:
    next_halloween = datetime(now.year + 1, 10, 31)
days_until = (next_halloween - now).days
print(f"Faltam {days_until} dias para o próximo Halloween!")
```

- Módulo JSON - Seu Assistente Virtual para Dados

Salvar e recuperar dados nunca foi tão simples, suponhamos que você tenha um dicionário com seus truques mágicos favoritos.

```python
import JSON

magic_data = {
    'favorite_spells': ['levitation', 'invisibility', 'teleportation'],
    'wand': {'material': 'oak', 'length': 12, 'magic_core': 'phoenix_feather'}
}
with open('magic_data.JSON', 'w') as file:
    JSON.dump(magic_data, file)
```

Lendo Dados

```python
with open('magic_data.JSON', 'r') as file:
    loaded_data = JSON.load(file)
print(loaded_data['favorite_spells'])
```

- Vamos Juntar Tudo!

Imagine que você queira criar um programa que sugira um truque mágico aleatório para praticar em um determinado dia.

```python
import random
from datetime import datetime
import JSON

# Carrega os truques do arquivo JSON
with open('magic_data.JSON', 'r') as file:
    data = JSON.load(file)

# Escolhe um truque aleatoriamente
trick = random.choice(data['favorite_spells'])
```

 # Pega o dia atual
day = datetime.now().strftime('%A')

print(f"No dia {day}, pratique o truque: {trick}!")

Com esses **Exemplos**, você agora tem em mãos algumas das ferramentas mais poderosas do Python. Lembre-se de que com grandes poderes vêm grandes responsabilidades. Use-os sabiamente e sempre para o bem. E, claro, divirta-se! Em programação, como em magia, a prática leva à perfeição.

Aqui vão mais **Exemplos** práticos envolvendo os módulos os, random, datetime e JSON. Cada **Exemplo** combina esses módulos de uma maneira única.

Exemplo 1: Criar um diretório aleatório
import os
import random
 # Cria um nome de diretório aleatório
dir_name = f"folder_{random.randint(1, 100)}"
os.mkdir(dir_name)
print(f"Diretório {dir_name} criado.")

Exemplo 2: Remover um diretório aleatório
random_folder = random.choice(os.listdir('.'))
os.rmdir(random_folder)
print(f"Diretório {random_folder} removido.")

Exemplo 3: Sortear um arquivo e mostrar a data de modificação
import datetime
random_file = random.choice(os.listdir('.'))
timestamp = os.path.getmtime(random_file)
date = datetime.datetime.fromtimestamp(timestamp)
print(f"O arquivo {random_file} foi modificado em {date}.")

Exemplo 4: Renomear arquivos com data e hora atual
current_time = datetime.datetime.now().strftime('%Y%m%d%H%M%S')
for filename in os.listdir('.'):
*   if filename.endswith('.txt'):*
*   new_name = f"{current_time}_{filename}"*
*   os.rename(filename, new_name)*

Exemplo 5: Gravar a data e hora atual em um arquivo JSON
import JSON
data = {"last_run": datetime.datetime.now().strftime('%Y-%m-%d %H:%M:%S')}
with open("metadata.JSON", "w") as f:
*   JSON.dump(data, f)*

Exemplo 6: Ler a data da última execução a partir de um arquivo JSON
with open("metadata.JSON", "r") as f:
*   data = JSON.load(f)*
*   print(f"O programa foi executado pela última vez em {data['last_run']}.")*

Exemplo 7: Sortear um arquivo e renomeá-lo com um número aleatório
random_file = random.choice(os.listdir('.'))

random_num = random.randint(1, 1000)
os.rename(random_file, f"{random_num}_{random_file}")
Exemplo 8: Gerar uma lista de tarefas para a semana
tasks = ["programar", "estudar", "exercitar", "ler"]
weekdays = [datetime.datetime.now() + datetime.timedelta(days=i) for i in range(7)]
for day in weekdays:
    task = random.choice(tasks)
    print(f"{day.strftime('%A, %d %B %Y')}: {task}")

Exemplo 9: Verificar se é seu aniversário
birth_date = datetime.datetime(year=1995, month=5, day=20)
today = datetime.datetime.now()
if today.month == birth_date.month and today.day == birth_date.day:
    print("Feliz aniversário!")

Exemplo 10: Gravar os arquivos do diretório atual em um arquivo JSON
python
files = os.listdir('.')
with open("files.JSON", "w") as f:
    JSON.dump(files, f)

Aqui estão exercícios práticos divididos por tópicos, Esses exercícios visam aprofundar sua compreensão e habilidades práticas em trabalhar com os módulos os, random, datetime e JSON em Python.

- Módulo OS:

253. Escreva um programa para listar todos os arquivos em um diretório específico.
254. Crie um programa para criar um novo diretório e, em seguida, excluí-lo.
255. Escreva um programa que renomeie um arquivo especificado.
256. Como você imprimiria o caminho absoluto do diretório atual usando o módulo os?
257. Crie um programa que copie todos os arquivos de um diretório para outro.

- Módulo Random:

258. Escreva um programa que gere um número aleatório entre 1 e 100.
259. Crie um programa para selecionar aleatoriamente um item de uma lista.
260. Como você geraria uma lista de 5 números aleatórios entre 1 e 10?
261. Escreva um programa que embaralhe uma lista.
262. Crie um programa que gere uma senha aleatória contendo letras maiúsculas, minúsculas e números.

- Módulo datetime:

263. Escreva um programa que imprima a data e hora atuais.
264. Como você adicionaria 5 dias à data atual?
265. Crie um programa que imprima apenas o mês atual.
266. Escreva um programa que aceite uma data no formato 'aaaa-mm-dd' e imprima o dia da semana correspondente.
267. Crie um temporizador que faça o programa esperar n segundos antes de imprimir uma mensagem.

- Módulo JSON:

268. Escreva um programa que crie um objeto JSON e o salve em um arquivo.
269. Crie um programa para ler um objeto JSON de um arquivo e imprimi-lo.
270. Como você converteria uma lista Python em uma **String** JSON?
271. Escreva um programa que pegue uma **String** JSON e a converta em um dicionário Python.
272. Crie um programa que atualize um valor em um objeto JSON e salve as alterações em um arquivo.

- Combinando Módulos:

273. Use o módulo os para listar todos os arquivos em um diretório e o módulo random para selecionar um arquivo aleatoriamente.
274. Escreva um programa que use o módulo datetime para criar um nome de arquivo baseado na data e hora atuais e o módulo os para salvá-lo.
275. Crie um programa que use o módulo JSON para salvar um objeto que contém a data e hora atuais, usando o módulo datetime.

276. Escreva um programa que use os módulos random e datetime para gerar um "bilhete de loteria" contendo números aleatórios e a data do sorteio.
277. Use o módulo JSON para salvar os resultados de várias rodadas de um jogo de adivinhação de número, usando o módulo random para gerar os números.

Capítulo 7: Trabalhando com Dados em Python

Tópico: Introdução à Manipulação de Dados

Ah, a era dos dados! Você já ouviu falar que estamos na "era da informação", certo? Na verdade, estamos inundados de dados todos os dias, desde postagens em redes sociais até bancos de dados gigantescos que sustentam a infraestrutura de empresas globais. Mas o que torna isso mais fascinante é como podemos manipular, analisar e tirar proveito desses dados, especialmente usando Python.

- Por que Python?

Bom, Python se tornou a linguagem de programação preferida para a ciência de dados e análise. Sua simplicidade, juntamente com uma gama de bibliotecas dedicadas, faz dela a escolha ideal. E, seguindo a nossa lógica 80/20, você vai perceber que precisamos de apenas alguns conceitos básicos para fazer coisas incrivelmente complexas.

- Vamos ao básico!

Antes de mergulharmos em bibliotecas avançadas, precisamos entender a manipulação de dados no nível fundamental em Python.

- **Listas** e Dicionários:

Lembra das **Listas** e dicionários? Eles são perfeitos para armazenar dados. Por **Exemplo**:

```python
# Lista de notas
notas = [8.5, 9.0, 7.5, 6.0, 10.0]

# Dicionário de alunos e suas notas
alunos = {"Ana": 8.5, "Carlos": 9.0, "Bia": 7.5}
```

- Arquivos:

Python torna incrivelmente simples ler e escrever em arquivos, que são fundamentais para a manipulação de dados.

```python
# Lendo um arquivo
with open('dados.txt', 'r') as arquivo:
    dados = arquivo.read()

# Escrevendo em um arquivo
with open('dados.txt', 'w') as arquivo:
    arquivo.write("Olá, Python!")
```

- **Strings** e números:

Dados vêm em diferentes formatos. As vezes, números são armazenados como **Strings**. Python torna fácil converter entre eles:

```
numero = "123"
int_numero = int(numero)

valor = 123
str_valor = str(valor)
```

* Manipulando Dados com Bibliotecas

Aqui está a parte interessante. O Python possui bibliotecas que fazem a maioria do trabalho pesado por nós, permitindo que nos concentremos na lógica e análise.

* **Pandas:**

O **Pandas** é a principal biblioteca do Python para análise de dados. Ele oferece estruturas como DataFrames, que são tabelas, basicamente.

```
import Pandas as pd

# Criando um DataFrame
df = pd.DataFrame({
    "Nome": ["Ana", "Bia", "Carlos"],
    "Notas": [8.5, 7.5, 9.0]
})
```

* **Numpy:**

Perfeito para operações matemáticas. O **Numpy** é extremamente útil quando se trabalha com grandes volumes de dados.

```
import Numpy as np

# Criando um array
arr = np.array([1, 2, 3, 4, 5])
```

Tópico: Uso da biblioteca **Pandas** para análise de dados

Ahh, o mundo dos dados! Se existe uma coisa que temos em abundância no século 21, são dados. E se há uma ferramenta que se destaca quando se trata de analisar, processar e manipular esses dados em Python, é o **Pandas**. Vamos nos aprofundar nesse universo e desvendar por que, o **Pandas** é quase tão essencial quanto o café (ou chá, se preferir) para começar o dia!

* Por que **Pandas**?

O **Pandas** é um pacote Python que oferece estruturas de dados rápidas, flexíveis e expressivas, projetadas para tornar o trabalho com dados "relacionais" ou "rotulados" intuitivo e fácil. Não só é útil para análise de dados, mas também para manipulação de dados em grande escala.

* Instalando o **Pandas**

Antes de tudo, precisamos ter o **Pandas** à nossa disposição:

pip install pandas

- Estruturas de Dados no **Pandas**

O **Pandas** tem duas estruturas principais: **Series** e **DataFrame**.

Series: É como um array unidimensional, uma lista de valores. Todo Series possui um índice, o index, que dá rótulos a cada elemento da lista.

DataFrame: É uma estrutura bidimensional, como uma planilha ou uma tabela SQL.

Exemplo 1: Criando uma Series
```
import pandas as pd
s = pd.Series([1, 2, 3, 4, 5])
print(s)
```

Exemplo 2: Criando um DataFrame
```
import pandas as pd
data = {
   "Nomes": ["Ana", "João", "Carlos"],
   "Idade": [25, 28, 24]
}
df = pd.DataFrame(data)
print(df)
```

- Importando Dados

Com o **Pandas**, você pode facilmente importar dados de diversas fontes.

Exemplo 3: Lendo um arquivo CSV
```
df = pd.read_csv('caminho_para_o_arquivo.csv')
print(df.head())  # Mostra os primeiros 5 registros
```
- Seleção e Filtragem

Após carregar seus dados, muitas vezes queremos selecionar partes dele ou filtrar linhas específicas.

Exemplo 4: Selecionando colunas
```
idades = df["Idade"]
print(idades)
```

Exemplo 5: Filtrando linhas
```
filtrado = df[df["Idade"] > 25]
print(filtrado)
```

- Manipulação de Dados

Pandas torna a manipulação de dados uma brisa.

Exemplo 6: Adicionando colunas
```
df["Ano_Nascimento"] = 2023 - df["Idade"]
print(df)
```

Exemplo 7: Aplicando funções
```
def classificar(idade):
    if idade < 25:
        return "Jovem"
    else:
        return "Adulto"
df["Classificação"] = df["Idade"].apply(classificar)
print(df)
```

- Estatísticas

Pandas vem com vários métodos para calcular estatísticas sobre seus Dados.

Exemplo 8: Média
```
media = df["Idade"].mean()
print(media)
```

Exemplo 9: Mediana
```
mediana = df["Idade"].median()
print(mediana)
```

- Exportando Dados

Depois de processar e analisar seus dados, você pode querer exportá-los.

Exemplo 10: Salvando como CSV
```
df.to_csv('dados_processados.csv', index=False)
```

Os **Exemplos** abaixo são projetados para ajudar a elevar seu jogo na manipulação de dados com a biblioteca **Pandas**. Explicações detalhadas são fornecidas para ajudá-lo a entender cada etapa do processo.

Exemplo 1: Concatenar DataFrames
```
import pandas as pd
# Criar dois DataFrames
df1 = pd.DataFrame({'A': ['A1', 'A2'], 'B': ['B1', 'B2']})
df2 = pd.DataFrame({'A': ['A3', 'A4'], 'B': ['B3', 'B4']})
# Concatenar DataFrames
concatenated_df = pd.concat([df1, df2], ignore_index=True)
print(concatenated_df)
```

Exemplo 2: Juntar DataFrames com Merge
```
# DataFrames para mesclar
df_left = pd.DataFrame({'Key': ['K1', 'K2', 'K3'], 'A': ['A1', 'A2', 'A3']})
df_right = pd.DataFrame({'Key': ['K1', 'K2', 'K4'], 'B': ['B1', 'B2', 'B3']})
# Mesclar DataFrames
merged_df = pd.merge(df_left, df_right, on='Key', how='outer')
print(merged_df)
```

Exemplo 3: Filtrar linhas com condições múltiplas
df = pd.DataFrame({'A': [1, 2, 3], 'B': [4, 5, 6]})
filtered_df = df[(df['A'] > 1) & (df['B'] > 4)]
print(filtered_df)

Exemplo 4: Reindexar um DataFrame
df = pd.DataFrame({'A': [1, 2, 3], 'B': [4, 5, 6]})
df_reindexed = df.reindex(index=[2, 0, 1])
print(df_reindexed)

Exemplo 5: Substituir valores em um DataFrame
df = pd.DataFrame({'A': [1, 2, 3], 'B': [4, 5, 6]})
df_replace = df.replace(1, 10)
print(df_replace)

Exemplo 6: Aplicar uma função aos elementos de um DataFrame
df = pd.DataFrame({'A': [1, 2, 3], 'B': [4, 5, 6]})
*df_applied = df.applymap(lambda x: x * 2)*
print(df_applied)

Exemplo 7: Agrupar e agregar dados
df = pd.DataFrame({'Name': ['Alice', 'Bob', 'Alice'], 'Score': [1, 2, 2]})
grouped = df.groupby('Name').agg({'Score': 'sum'})
print(grouped)

Exemplo 8: Preencher valores NaN
df = pd.DataFrame({'A': [1, 2, None], 'B': [None, 2, 3]})
df_filled = df.fillna(0)
print(df_filled)

Exemplo 9: Ordenar por várias colunas
df = pd.DataFrame({'A': [3, 1, 2], 'B': [6, 5, 4]})
df_sorted = df.sort_values(by=['A', 'B'])
print(df_sorted)

Exemplo 10: Remover duplicatas
df = pd.DataFrame({'A': [1, 2, 2], 'B': [3, 3, 4]})
df_deduped = df.drop_duplicates()
print(df_deduped)

Espero que esses **Exemplos** tenham te dado uma visão clara e prática de como o **Pandas** pode ser uma ferramenta poderosa em sua caixa de ferramentas de análise de dados. Divirta-se codificando! 🐼🀄🀄

Tópico: Uso da Biblioteca **Numpy** para Análise de Dados

Em meio ao caos da análise de dados, a biblioteca **Numpy** se destaca como a lanterna no escuro para quem quer obter insights rápidos e precisos. Você pode já ter ouvido falar dela: uma biblioteca poderosa que permite a realização de operações matemáticas e estatísticas em Python. Mas por que ela é tão especial?

- Vantagens da **Numpy**:

Performance: As operações com **Numpy** são mais rápidas em comparação com as **Listas** nativas do Python.

Funcionalidade: Fornece uma tonelada de funções integradas para ajudar na análise de dados.

1. Criando Arrays:

A pedra fundamental da **Numpy** é o ndarray, um array multidimensional.
```
import Numpy as np
# Criando um array simples
arr = np.array([1, 2, 3, 4, 5])
print(arr)
```

2. Funções Úteis para Criação de Arrays:
```
# Criando um array de zeros
zeros_arr = np.zeros(5)
print(zeros_arr)
# Criando um array de uns
ones_arr = np.ones(5)
print(ones_arr)
# Criando um array com uma sequência de números
range_arr = np.arange(0, 10, 2)
print(range_arr)
```

3. Operações Básicas:

Os arrays da **Numpy** permitem a realização de operações elemento a elemento sem a necessidade de loops.
```
arr1 = np.array([1, 2, 3])
arr2 = np.array([4, 5, 6])
# Somando arrays
print(arr1 + arr2)
# Multiplicação por escalar
print(arr1 * 3)
```

4. Indexação e Fatiamento:
```
arr = np.array([1, 2, 3, 4, 5, 6])
# Acessando um elemento específico
print(arr[2])
# Fatiamento: pegando os três primeiros elementos
print(arr[:3])
```

5. Funções de Agregação:
Quer descobrir rapidamente a média ou a soma de seu conjunto de dados? **Numpy** está aqui para ajudar.
```
data = np.array([10, 20, 30, 40])
# Média
print(np.mean(data))
# Soma
print(np.sum(data))
```

6. Redimensionando Arrays:
initial_arr = np.array([1, 2, 3, 4, 5, 6])
reshaped_arr = initial_arr.reshape(2, 3)
print(reshaped_arr)

7. Operações Lógicas:
Suponha que você queira saber quais elementos de seu array são maiores que 10.
arr = np.array([5, 15, 25, 35])
print(arr > 10)

8. Transposição e Inversão:
Muito útil em álgebra linear.
matrix = np.array([[1, 2], [3, 4]])
 # Transposição
print(matrix.T)

9. Funções Universais (Ufuncs):
Essas são funções que realizam operações elemento a elemento em arrays.
arr = np.array([1, 4, 9, 16])
 # Raiz quadrada de cada elemento
print(np.sqrt(arr))

10. Concatenação de Arrays:
arr1 = np.array([1, 2, 3])
arr2 = np.array([4, 5, 6])
 # Concatenando
result = np.concatenate([arr1, arr2])
print(result)

E aí está! Uma introdução detalhada ao mundo do **Numpy**, que vai te equipar com as ferramentas necessárias para lidar com os desafios da análise de dados. Em sua jornada, você encontrará situações mais complexas que requererão uma abordagem mais avançada, mas com o que você aprendeu aqui, já está pronto para enfrentar a maioria dos desafios. Então, vá em frente e comece a explorar! 🚀

Tópico: Leitura e Escrita de Arquivos CSV — Uma Imersão Profunda

Então você domina os básicos da leitura e escrita de arquivos CSV em Python. Bom para você! Mas vamos ser honestos, em algum momento você vai se deparar com algo mais complexo do que apenas ler um arquivo linha por linha. Talvez você precise lidar com diferentes delimitadores, saltar linhas estranhas ou até mesmo ler dados diretamente da internet. Sejamos reais, ninguém quer ser pego de surpresa. Então, por que não mergulhar fundo agora?

- O Que São Arquivos CSV?

Primeiramente, vamos bater um papo sobre o que exatamente são os arquivos CSV. CSV significa "Comma-Separated Values" (Valores Separados por Vírgula), e como o nome sugere, são arquivos que usam vírgulas para separar valores. Eles são uma forma super fácil e eficiente de armazenar tabelas de dados. Pense neles como um Excel extremamente simplificado.

- Então, Por Que CSV?

Você pode estar se perguntando: por que não usar Excel ou algum outro formato mais complexo? Boa pergunta! A resposta é simples: os arquivos CSV são como o pãozinho da padaria - simples, versáteis e aceitos em quase todo lugar. Eles são fáceis de ler e escrever, e quase toda linguagem de programação tem alguma biblioteca para lidar com eles.

- Leitura de Arquivos CSV

Você já conhece o básico, mas vamos dar uma olhada mais aprofundada.

- Lendo Linhas Específicas

Suponhamos que o seu arquivo tenha algumas linhas de metadados no início que você quer ignorar.

```python
# Ignorando as primeiras 3 linhas e lendo a partir da quarta
df = pd.read_csv("meuarquivo.csv", skiprows=3)
```

- Lendo em Partes

Em casos em que seu arquivo CSV é muito grande para ser lido de uma só vez, você pode lê-lo em partes.

```python
# Ler 500 linhas de cada vez
chunk_iter = pd.read_csv("meuarquivo.csv", chunksize=500)
```

- Escrita de Arquivos CSV

Se você precisa escrever dados muito grandes, também pode fazer isso em partes.

```python
for chunk in chunk_iter:
    chunk.to_csv("novo_arquivo.csv", mode="a")
```
- Adicionando uma Nova Linha

Suponha que você quer apenas adicionar uma linha a um arquivo existente.

```python
# Adicionando uma linha
new_row = pd.DataFrame({"col1": 1, "col2": 2}, index=[0])
new_row.to_csv("meuarquivo.csv", mode="a", header=False)
```

- Lendo e Escrevendo CSVs com Diferentes Delimitadores

Nem todo arquivo CSV usa uma vírgula como delimitador. Alguns podem usar tabulações, pontos e vírgulas ou outros caracteres.

```python
# Ler com ponto e vírgula como delimitador
df = pd.read_csv("meuarquivo.csv", delimiter=";")
```

- Manipulação Avançada

Você também pode ler e escrever arquivos CSV diretamente de e para URLs, armazenamento em nuvem como S3, e muito mais. Você fica limitado apenas pela sua imaginação e, claro, pela capacidade de armazenamento e poder de processamento do seu computador.

Resumo

Os arquivos CSV podem parecer simples à primeira vista, mas eles têm suas próprias peculiaridades e características. Com Python e **Pandas** ao seu lado, você tem o poder de lidar com esses arquivos como um verdadeiro profissional. E isso é só o começo: o verdadeiro poder vem quando você integra essa habilidade com outras ferramentas de análise de dados e machine learning.

Então, da próxima vez que você se deparar com um arquivo CSV complicado, você já estará armado e preparado. O mundo dos dados não saberá o que o atingiu!

Exemplos Práticos de Leitura e Escrita de Arquivos CSV

1. Ler um arquivo CSV básico
import **Pandas** *as pd*
 # Ler um arquivo CSV simples
df = pd.read_csv('file.csv')
 # Isso lê o arquivo "file.csv" e o armazena no DataFrame 'df'.

2. Ler um arquivo CSV com delimitadores personalizados
 # Ler um arquivo CSV com ponto e vírgula como delimitador
df = pd.read_csv('file_semicolon.csv', delimiter=';')
 # Note o parâmetro 'delimiter'. Isso permite que você defina um delimitador personalizado.

3. Ignorar as n linhas iniciais
 # Ignorar as primeiras 3 linhas
df = pd.read_csv('file.csv', skiprows=3)
 # O DataFrame 'df' agora começa a partir da quarta linha do arquivo.
4. Ler apenas algumas colunas
 # Ler apenas as colunas 'A' e 'C'
df = pd.read_csv('file.csv', usecols=['A', 'C'])
 # Isso irá carregar apenas as colunas especificadas no DataFrame 'df'.

5. Ler um arquivo grande em partes (chunks)
 # Ler em pedaços de 500 linhas cada
chunk_iter = pd.read_csv('large_file.csv', chunksize=500)
 # Você pode agora iterar através de 'chunk_iter' para processar 500 linhas de cada vez.

6. Escrever um DataFrame para um arquivo CSV
 # Escrever DataFrame para arquivo
df.to_csv('new_file.csv', index=False)
 # Isso criará um arquivo CSV novo chamado 'new_file.csv'.
 # O parâmetro 'index=False' evita que os índices sejam escritos no arquivo.

7. Acrescentar dados a um arquivo CSV existente
 # Acrescentar dados ao arquivo existente
df.to_csv('existing_file.csv', mode='a', header=False)
 # O 'mode' definido como 'a' permite que os dados sejam acrescentados.
 # 'header=False' evita que o cabeçalho seja escrito novamente.

8. Escrever CSV com delimitador personalizado
 # Usar ponto e vírgula como delimitador
df.to_csv('semicolon_file.csv', sep=';')
 # Isso cria um arquivo CSV onde os valores são separados por ponto e vírgula.

9. Ler arquivo CSV com linhas ignoradas no final
 # Ignorar últimas 5 linhas
df = pd.read_csv('file_with_footer.csv', skipfooter=5, engine='python')
 # 'skipfooter' ignora as últimas 5 linhas.
 # 'engine=python' é necessário para que 'skipfooter' funcione.

10. Ler CSV do URL
 # Ler arquivo CSV diretamente de um URL
url = 'https://example.com/file.csv'
df = pd.read_csv(url)
 # Isso lê um arquivo CSV diretamente da internet.
 # Certifique-se de ter uma conexão com a internet para isso funcionar.

Espero que esses **Exemplos** tenham ajudado você a entender a leitura e escrita de arquivos CSV em Python de forma mais clara e prática. A chave é explorar e encontrar qual método ou parâmetro melhor atende às suas necessidades.

Nesta seção, você encontrará exercícios práticos para aprimorar suas habilidades em programação. Como já foi dito antes, resolver os desafios sozinho é vital para o aprendizado. Os exercícios foram testados em diferentes ambientes, então erros podem surgir, oferecendo a você a chance de praticar a depuração de código.

- Uso da biblioteca **Pandas** para análise de dados

278. Importe um DataFrame e calcule a média de uma coluna específica.
279. Crie um DataFrame e adicione uma nova coluna com dados gerados dinamicamente.
280. Remova qualquer linha que tenha pelo menos um valor NaN.
281. Utilize o método .loc[] para filtrar linhas de um DataFrame com base em uma condição.
282. Realize a operação de "pivotamento" em um DataFrame.
283. Combine dois DataFrames usando concat.
284. Transforme uma das colunas de um DataFrame em índice.
285. Reordene as colunas de um DataFrame.
286. Faça um "slice" de um DataFrame para pegar apenas algumas linhas e colunas.
287. Realize uma operação de "unstack" em um DataFrame para transformar um dos níveis de índice em colunas.

- Uso da biblioteca **Numpy** para análise de dados

288. Crie um array de zeros com **Numpy**.
289. Crie um array 3D e calcule sua soma ao longo de um dos eixos.
290. Gere números aleatórios em uma distribuição normal usando **Numpy**.
291. Encontre os índices de máxima e mínima em um array **Numpy**.
292. Use "slicing" para extrair uma submatriz de uma matriz **Numpy**.
293. Inverta um array **Numpy**.
294. Encontre a raiz quadrada de cada elemento de um array **Numpy**.
295. Calcule a média, mediana e desvio padrão de um array **Numpy**.
296. Crie uma matriz identidade usando **Numpy**.
297. Crie um array **Numpy** e salve-o em um arquivo .npy.

- Leitura e escrita de arquivos CSV

298. Leia um arquivo CSV e calcule o número de linhas e colunas.
299. Leia um arquivo CSV e realize um "replace" em uma **String** específica.
300. Salve um DataFrame em um arquivo CSV com um nome dinâmico que inclui a data atual.
301. Leia um arquivo CSV e faça um gráfico de uma das colunas usando matplotlib.
302. Exporte apenas algumas colunas de um DataFrame para um novo arquivo CSV.
303. Leia um arquivo CSV e calcule a soma de uma coluna numérica.
304. Concatene múltiplos arquivos CSV em um único DataFrame.
305. Leia um arquivo CSV e converta uma coluna para tipo datetime.
306. Leia um arquivo CSV e renomeie suas colunas.
307. Leia um arquivo CSV, modifique algumas células e salve as modificações no mesmo arquivo.

Capítulo 8: Interação com o Mundo Exterior

Tópico: Realizando Requisições Web com requests

- Introdução

E aí, pessoal! Vamos sair um pouco do nosso casulo e explorar o universo da web, ou melhor, vamos fazer a web vir até nós. Calma, não é nenhuma magia, mas sim a maravilha da biblioteca requests do Python. Se você sempre quis saber como seu Python pode brincar de "puxa e estica" com dados da internet, você está no lugar certo. Pronto para o deep dive? Vamos nessa!

- Por Que requests?

Esse é o MVP (jogador mais valioso) quando se trata de interagir com a web. Você quer dados de uma API? O requests faz isso. Quer enviar dados para um servidor? requests de novo. Quer fazer o login em um site e raspar alguns dados? Bingo, requests. Ele é o canivete suíço para tarefas HTTP em Python.

- Instalação

Antes de entrarmos na farra do código, é necessário instalar o pacote. Abra seu terminal e rode:

pip install requests

- GET: Pegando o que é Nosso

O método GET é o mais básico. Você manda uma solicitação para o servidor e recebe algum tipo de dado em troca.

```
import requests
response = requests.get("https://jsonplaceholder.typicode.com/todos/1")
print(response.json())
```

No código acima, a resposta será um JSON.

- POST: Falando "Oi" para o Servidor

Agora vamos enviar alguns dados:
```
import requests
data = {'name': 'John', 'age': 30}
response = requests.post("https://httpbin.org/post", json=data)
print(response.json())
```

- Outros métodos: PUT, DELETE

Vamos seguir o fluxo rápido:
```
# PUT
response = requests.put("https://httpbin.org/put", json={'key': 'value'})
# DELETE
```

response = requests.delete("https://httpbin.org/delete")

- Lidando com Parâmetros e Cabeçalhos

Às vezes você precisa ser mais específico com sua request:

params = {'key1': 'value1', 'key2': 'value2'}
headers = {'user-agent': 'my-app'}
response = requests.get("https://httpbin.org/get", params=params, headers=headers)

- Gestão de Erros

Sempre, sempre, sempre lidem com erros.

try:
 response = requests.get("https://httpbin.org/status/404")
 response.raise_for_status()
except requests.exceptions.RequestException as e:
 print(f"An error occurred: {e}")

Resumão:

Então, em **Resumo**, você precisa entender esses conceitos-chave:

Métodos HTTP: Como GET e POST, que definem o tipo de operação que você quer realizar.

Parâmetros e Cabeçalhos: Detalhes que você pode incluir em sua request para customizá-la.

Gestão de Erros: Porque o Murphy estava certo.

Conclusão

Tudo isso é apenas a ponta do iceberg, mas esses são os 20% que vão te dar 80% dos resultados quando você estiver fazendo requisições web com Python. Com essa base, você já pode criar aplicações que consultem APIs, baixem arquivos, enviem dados e muito mais.

Até o próximo tópico, pessoal!

Exemplos Práticos: Requisições Web com requests e novamente, os exercícios foram testados em múltiplos ambientes, o que pode levar a erros e oferecer a você uma oportunidade de aprimorar suas habilidades de depuração.

Exemplo 1: Requisição GET Básica
```python
import requests
# Realiza uma requisição GET para o Google
response = requests.get('https://www.google.com')
# Exibe os primeiros 100 caracteres do conteúdo da página
print(response.text[:100])
```

Neste **Exemplo**, fazemos uma requisição GET para a página inicial do Google e exibimos os primeiros 100 caracteres do HTML retornado.

Exemplo 2: Verificando o Status da Resposta
```python
import requests
response = requests.get('https://www.google.com')
# Verifica se a requisição foi bem-sucedida
if response.status_code == 200:
    print("Sucesso!")
```

Aqui, verificamos o status da resposta para saber se a requisição foi bem-sucedida.

Exemplo 3: Enviando Parâmetros com GET
```python
import requests
params = {'q': 'Python'}
response = requests.get('https://www.google.com/search', params=params)
# Verifica se houve redirecionamento
if response.history:
    print("Redirecionado!")
```

Neste **Exemplo**, enviamos um termo de pesquisa como parâmetro e verificamos se houve redirecionamento.

Exemplo 4: Requisição POST
```python
import requests
data = {'username': 'alice', 'password': '12345'}
response = requests.post('https://httpbin.org/post', data=data)
# Exibe o JSON retornado pela requisição POST
print(response.json())
```

Fazemos uma requisição POST, enviando um nome de usuário e senha como dados.

Exemplo 5: Timeout na Requisição
```python
try:
    response = requests.get('https://www.google.com', timeout=0.01)
except requests.exceptions.Timeout:
    print("Timeout ocorreu!")
```

Aqui, definimos um timeout muito curto para forçar um erro de timeout.

Exemplo 6: Manipulando Headers
```
headers = {'User-Agent': 'my-app'}
response = requests.get('https://www.google.com', headers=headers)
# Exibe o header da resposta
print(response.headers)
```

Neste **Exemplo**, personalizamos o header da nossa requisição.

Exemplo 7: Usando Sessões
```
with requests.Session() as s:
    s.get('https://httpbin.org/cookies/set/sessioncookie/12345')
    response = s.get('https://httpbin.org/cookies')
    print(response.json())
```

Usamos uma sessão para armazenar cookies entre múltiplas requisições.

Exemplo 8: Download de Arquivo
```
response = requests.get('https://www.example.com/image.jpg')
with open('image.jpg', 'wb') as f:
    f.write(response.content)
```

Fazemos o download de uma imagem e a salvamos no sistema de arquivos local.

Exemplo 9: Autenticação
```
from requests.auth import HTTPBasicAuth
response = requests.get('https://api.github.com/user',
auth=HTTPBasicAuth('username', 'password'))
# Exibe o status da resposta
print(response.status_code)
```

Neste **Exemplo**, usamos autenticação básica para acessar a API do GitHub.

Exemplo 10: Enviando JSON
```
import json
data = {'name': 'Alice', 'age': 30}
response = requests.post('https://httpbin.org/post', json=data)
# Exibe o JSON retornado
print(response.json())
```

Aqui, enviamos dados JSON em uma requisição POST e exibimos a resposta.

Espero que esses **Exemplos** práticos tenham ajudado a entender como usar o módulo requests para realizar diversas operações na web. Agora é com você! Pratique e explore as possibilidades.

Tópico: Aprofundando na Análise Básica de HTML com **BeautifulSoup**

Já que você chegou até aqui, acredito que está pronto para ir além do superficial e entender os segredos mais escondidos de manipular HTML com o **BeautifulSoup**. E não, isso não é como fazer feitiços em Hogwarts, mas é tão legal quanto!

- O Cenário Atual

Então, você está querendo raspar dados de um site, seja para um projeto pessoal, seja para mostrar para seu chefe na próxima reunião que você é o(a) prodígio da automação de dados. Mas você abre o site e BAM! Você se depara com um monte de código HTML e CSS que parece mais complicado que entender os enredos de todos os filmes da Marvel em ordem cronológica. Calma, é aqui que o **BeautifulSoup** entra em cena.

- Estrutura de um Documento HTML

O primeiro passo é entender que todo documento HTML tem uma estrutura. Imagine um filme; ele tem um começo, um meio e um fim. O HTML é similar: tem um cabeçalho (<head>), um corpo (<body>) e, dentro deles, uma variedade de elementos como parágrafos (<p>), links (<a>), imagens (<img>) e assim por diante. Estes são os atores do seu filme, e o **BeautifulSoup** é o diretor que sabe exatamente o que fazer com cada um deles.

- Instalação e Setup -

*pip install **BeautifulSoup4***

- Você também vai precisar de outra biblioteca para realizar as requisições HTTP.

pip install requests

- Construindo o Objeto Soup

O objeto "soup" é seu ponto de partida. Uma vez que você tem o objeto, o mundo do HTML é seu parquinho. Vamos tentar entender um pouco mais sobre como ele funciona.

```
from bs4 import BeautifulSoup
import requests
response = requests.get('https://example.com')
soup = BeautifulSoup(response.text, 'html.parser')
```

- Busca de Elementos: Além do **find()** e **find_all()**

find_parents e find_parent: Se você quiser fazer o caminho inverso no DOM, procurando elementos pais.

```
first_link = soup.find('a')
parent = first_link.find_parent()
```

find_next_siblings e find_next_sibling: Estes métodos retornam irmãos mais novos no DOM.

first_paragraph = soup.find('p')
next_siblings = first_paragraph.find_next_siblings()

- Passeando pelo DOM

Imagine o DOM como uma árvore genealógica. Às vezes, você precisa navegar através de diferentes níveis para encontrar o que você quer. Isso é chamado de traversing.

.contents: Retorna uma lista dos filhos do elemento.
head = soup.head
children = head.contents

- Filtros: O Coração da Busca

Até agora, vimos como buscar por tags, mas e se você quiser algo mais específico?

- Filtrando por Atributos CSS: O find_all() permite isso também.

red_elements = soup.find_all(style="color:red")

- Filtrando por **String**: Filtrando pelo conteúdo do texto.
*hello_elements = soup.find_all(**String**='Hello')*

- Manipulando e Modificando o HTML

Você não está limitado a apenas "ler" o HTML. O **BeautifulSoup** também permite que você modifique elementos.

- Modificando Atributos e Texto:
tag = soup.find('a')
tag['href'] = "https://newlink.com"
*tag.**String** = "New Link Text"*

Conclusão

Não é exagero dizer que, com o **BeautifulSoup**, o poder de toda a web está literalmente ao alcance de suas mãos. Espero que este guia tenha sido um mergulho mais profundo para você, te armando com as ferramentas e o conhecimento para enfrentar qualquer desafio de análise de dados da web.

Seja você um cientista de dados em ascensão, um dev web querendo automatizar tarefas, ou apenas alguém curioso para extrair informações da web, o **BeautifulSoup** é a sua varinha mágica.

Com este conhecimento, você está pronto para fazer uma verdadeira magia de dados. Agora vá, explore esse novo mundo digital e domine-o como o verdadeiro Jedi dos dados que você é!

Tópico: Introdução a APIs: A Espinha Dorsal do Mundo Digital

Agora que já temos uma noção básica de como APIs funcionam, vamos mergulhar no mar profundo de informações que elas podem desbloquear para nós. Você está pronto? Então, prenda a respiração. Vamos lá!

- A Metáfora do Bar para Entender APIs

Imaginemos que uma API é como um barman em um bar sofisticado. Você (o cliente) quer uma bebida (dados). No entanto, você não pode ir diretamente até a prateleira e pegar o que deseja; você tem que pedir ao barman (API), que conhece todas as regras, como idade mínima para beber, horário de funcionamento, etc. (as regras da API). E esse cara pode pedir sua identificação (chave API) antes de lhe servir.

- Autenticação: O RG do Mundo das APIs

Muitas APIs exigem um processo de autenticação. Em outras palavras, você precisa de uma "identificação" para acessar os dados. Este é um processo de duas vias:

Chave API: Uma chave única para acessar a API.

OAuth: Um pouco mais complexo. É como um login via Facebook para acessar outros serviços.

Exemplo com chave API:

```
import requests
headers = {'Authorization': 'Bearer sua_chave_api'}
response = requests.get('https://api.Exemplo.com/recursos', headers=headers)
```

- Estrutura de uma API REST

Vamos focar na API REST, pois é o tipo mais comum. Uma API REST é composta de endpoints (URLs) e métodos HTTP:

GET: Para ler recursos.
POST: Para criar recursos.
PUT/PATCH: Para atualizar recursos.
DELETE: Para excluir recursos.

Exemplo de GET e POST:

```
# GET
response = requests.get('https://api.Exemplo.com/recursos')
# POST
data = {'nome': 'Lucas', 'idade': 27}
response = requests.post('https://api.Exemplo.com/recursos', json=data)
```

- Parametrizando suas Requisições

Você não precisa se contentar com o que a API lhe dá por padrão. Pode pedir especificamente o que quer, como um cocktail personalizado.

```
params = {'ordem': 'asc', 'limit': 10}
response = requests.get('https://api.Exemplo.com/recursos', params=params)
```

- Status Code: O Humor da API

Sempre que você fizer uma requisição, receberá um status code que lhe dirá se foi bem-sucedida ou não.

200 OK: Tudo certo, campeão!
201 Created: Seu POST funcionou.
400 Bad Request: Você fez algo errado.
401 Unauthorized: Você não tem permissão.
404 Not Found: O recurso não existe.
- Rate Limiting: O Detetive Velocidade

Muitas APIs têm um limite de quantas requisições você pode fazer em um determinado período. Isso é conhecido como "Rate Limiting". Pense nisso como o limite de álcool que você pode consumir em um bar.

- Quando as Coisas Dão Errado: Lidando com Exceções e Erros

Às vezes, as coisas não saem como planejado. Você pode receber um erro 404 ou 503, e seu código precisa estar preparado para isso.

```
try:
    response = requests.get('https://api.Exemplo.com/recursos')
    response.raise_for_status()
except requests.exceptions.HTTPError as err:
    print(f"Um erro ocorreu: {err}")
```

- A Beleza dos Webhooks

Webhooks são a forma da API dizer: "Ei, algo novo aconteceu, você deveria dar uma olhada". É como o barman te dando um aceno quando seu coquetel favorito está pronto.

Vamos Ficar Práticos: Integração com uma API de Previsão do Tempo
Imagine construir um pequeno projeto que te diz se vai chover hoje. Você poderia integrar com uma API de previsão do tempo e receber atualizações em tempo real.

```
api_key = "sua_chave_aqui"
location = "Sao Paulo"
url = f"https://api.weather.com/current?apiKey={api_key}&location={location}"
response = requests.get(url)
data = response.json()

if data['current']['rain_probability'] > 50:
    print("Melhor levar um guarda-chuva hoje!")
```

Conclusão

A API é uma ferramenta incrivelmente poderosa em seu arsenal de desenvolvedor. Aprender a usá-las efetivamente pode elevar seu projeto de algo básico para algo extraordinário. Agora que você tem uma boa compreensão das APIs, o mundo é sua ostra. Vá em frente, explore e crie algo incrível!

Isso é apenas a ponta do iceberg; a verdadeira magia acontece quando você começa a misturar e combinar diferentes APIs para criar algo verdadeiramente único. Então, o que você está esperando? Hora de se jogar nessa piscina de dados!

Exercícios Capítulo 8: Interação com o Mundo Exterior e repetindo, os exercícios passaram por testes em variados cenários; assim, se erros ocorrerem, encare-os como oportunidades para aprimorar suas habilidades de depuração de código.

- Realizando Requisições Web com Requests

308. Hello, World! com Requests: Faça uma requisição GET ao site https://www.google.com e imprima o código de status da resposta.
309. Pegar Detalhes do Filme: Use a API gratuita da OMDB (http://www.omdbapi.com/) para pegar detalhes de um filme de sua escolha usando requisição GET.
310. Envie Dados com POST: Crie um dicionário com algumas informações e faça uma requisição POST para https://httpbin.org/post, depois imprima a resposta.

- Análise Básica de HTML com **BeautifulSoup**

311. Extraindo Título de Página: Escreva um script que use **BeautifulSoup** para extrair o título da página do site https://www.wikipedia.org.
312. Imagens em um Site: Utilize **BeautifulSoup** para contar quantas imagens estão embutidas na página https://www.wikipedia.org.
313. Extrair Links: Utilize **BeautifulSoup** para extrair todos os links presentes na página https://www.wikipedia.org, e imprima-os.
314. Busca de Elemento Específico: Vá ao site https://www.wikipedia.org e encontre um elemento específico através do seu ID ou classe e imprima-o.

- Introdução a APIs

315. Clima Atual: Use uma API de clima como OpenWeather (https://openweathermap.org/api) para pegar o clima atual de uma cidade de sua escolha.
316. Todo List API: Use uma API como JSONPlaceholder (https://jsonplaceholder.typicode.com/) para criar uma nova tarefa (Todo).
317. Obtenha Detalhes do Usuário: Use a API de JSONPlaceholder para obter detalhes sobre um usuário e imprima seu nome e email.
318. Manipule Dados com PATCH: Use a API de JSONPlaceholder para atualizar o título de um post existente usando o método PATCH.
319. Exclua um Recurso: Use a API de JSONPlaceholder para excluir um post e verifique se a operação foi bem-sucedida através do status code da resposta.
320. Taxas de Câmbio: Utilize uma API como a ExchangeRate-API (https://www.exchangerate-api.com/) para pegar a taxa de câmbio atual entre duas moedas de sua escolha.

321. Cabeçalhos Personalizados: Faça uma requisição GET a https://httpbin.org/get mas desta vez inclua um cabeçalho personalizado e imprima a resposta para ver se o cabeçalho foi incluído.
322. Verificando Limites de Taxa (Rate Limit): Utilize qualquer API que tenha um limite de taxa e tente enviar várias requisições para verificar como a API responde quando o limite é atingido.

Capítulo 9: Automação de Tarefas

Tópico: A Magia da Automação

Ok, pessoal, preparem-se. Se você achou que a introdução à automação era legal, agora vamos mergulhar de cabeça. Imagine sua vida, mas sem os aborrecimentos diários que consomem seu tempo e energia. Essa é a verdadeira magia da automação: ela não apenas faz as coisas mais rapidamente; ela faz as coisas melhor.

- O Que É "Automação de Tarefas Repetitivas"?

São aqueles trabalhos que você faz tão frequentemente que pode fazer enquanto assiste à Netflix ou navega nas redes sociais. Mas só porque você pode fazer algo de forma semiautomática, isso não significa que você deveria. Automatizar essas tarefas pode liberar tempo e recursos mentais para as partes do seu trabalho (ou vida) que realmente exigem sua atenção completa.

- O Custo da Não Automação

Aqui está a coisa: cada vez que você faz algo manualmente, você não está apenas gastando tempo; você está gastando um recurso mental finito. E aqui está uma novidade: você pode recuperar dinheiro, mas o tempo é algo que, uma vez perdido, se foi para sempre. Então, por que não economizar um pouco desse recurso precioso?

- Como Identificar Tarefas que Podem Ser Automatizadas

Você está fazendo alguma coisa repetidamente? Você está copiando e colando dados de um lugar para outro? Está executando as mesmas fórmulas Excel todos os dias? Se sim, é provável que você possa automatizar isso.

- Ferramentas e Bibliotecas:

Python é sua arma de escolha aqui. Várias bibliotecas tornam mais fácil do que nunca automatizar tarefas. Algumas dessas bibliotecas são:

Selenium: Para automação web.
PyAutoGUI: Para automação de GUI.
Automate: Para tarefas comuns de sistema operacional.

A seguir, vamos dar uma olhada em alguns **Exemplos** práticos de automação. Depois, vamos mergulhar de cabeça nos detalhes, como estão suas habilidades de depuração de código?

Exemplo 01. Selenium - Abre o Google e faz uma pesquisa
```python
from selenium import webdriver
from selenium.webdriver.common.by import By
from selenium.webdriver.support.ui import WebDriverWait
from selenium.webdriver.support import expected_conditions as EC
driver = webdriver.Chrome()
```

```python
driver.get("https://www.google.com")
try:
    element = WebDriverWait(driver, 10).until(
        EC.presence_of_element_located((By.NAME, "q"))
    )
    element.send_keys("Python rules!")
    element.submit()
finally:
    driver.quit()
```

Exemplo 02. Selenium - Login Automático
```python
from selenium import webdriver
# Visita a página de login
driver = webdriver.Chrome()
driver.get("https://www.some-website.com/login")
# Preenche username e senha
driver.find_element_by_id("username").send_keys("your-username")
driver.find_element_by_id("password").send_keys("your-password")
# Clica no botão de login
driver.find_element_by_id("login-button").click()
```

Exemplo 03. PyAutoGUI – Criando um Screenshot
```python
import pyautogui
# Tira um screenshot e salva
pyautogui.screenshot("screenshot.png")
```

Exemplo 04. PyAutoGUI – Mover o mouse Clicar e Digitar
```python
import pyautogui
# Move o mouse e clica
pyautogui.moveTo(100, 100, duration=1)
pyautogui.click()
# Digita algo
pyautogui.typewrite("Hey there!")
```

Exemplo 05. PyAutoGUI - Desenhar no Paint
```python
import pyautogui
# Abre o Paint primeiro (ou similar)
pyautogui.moveTo(400, 400, duration=1)
pyautogui.dragTo(500, 500, button='left', duration=2)
```

Exemplo 06. Automate - Baixar arquivos da web
```python
from automate import web
# Baixa um arquivo
web.download("https://www.example.com/file.txt", "local_file.txt")
```

Exemplo 07. Automate - Enviar E-mail
```python
from automate import email
# Envia um email
email.send(
    to='someone@example.com',
    subject='Hello, World!',
    body='This is an automated message.',
)
```

Exemplo 08. Selenium - Navegar por Tabs
from selenium import webdriver
 # Inicia o browser
driver = webdriver.Chrome()
 # Abre uma nova aba
driver.execute_script("window.open('https://www.google.com', '_blank');")

Exemplo 09. PyAutoGUI - Fechar um Pop-up
import pyautogui
 # Encontra o botão de fechar e clica
location = pyautogui.locateOnScreen("close_button.png")
pyautogui.click(location)

Exemplo 10. Automate - Manipulação de Arquivos
from automate import fs
 # Cria um novo diretório
fs.create_folder('new_folder')
 # Move um arquivo
fs.move('file.txt', 'new_folder/file.txt')

Tópico: Web Scraping com Selenium

- Agora vamos aos detalhes: O que é Web Scraping?

Bem, então, você já ouviu falar dessa coisa chamada web scraping. Basicamente, é a versão moderna de um minerador de dados, mas você não precisa se sujar (ou violar qualquer lei) para fazer isso. Na verdade, é incrivelmente útil, especialmente se você estiver em um trabalho que envolva coletar dados de sites ou mesmo se estiver apenas tentando descobrir qual a média de avaliação dos filmes que seu ator favorito participou (vamos ser reais, todos nós temos hobbies estranhos).

- Por que Selenium?

Então, por que Selenium? Existem outras bibliotecas como **BeautifulSoup** e **Scrapy**. Mas o Selenium é a sua chave para o reino quando os dados que você deseja estão escondidos atrás de ações do usuário, como clicar em um botão ou rolar uma página.

- Instalação

Antes de começar a raspar, vamos colocar a casa em ordem. Você precisará instalar o Selenium. O jeito mais fácil é através do pip.

pip install selenium

Não se esqueça de baixar o driver correspondente ao seu navegador. Se você estiver usando o Chrome, baixe o ChromeDriver.

- Primeiros Passos: Navegando para um Site

O primeiro passo é importar o webdriver e navegar até a página desejada.

```
from selenium import webdriver
driver = webdriver.Chrome()
driver.get('https://www.Exemplo.com')
```

* Fazendo Login

Você pode até usar Selenium para fazer login em um site, caso os dados que você esteja buscando exijam autenticação.

```
username = driver.find_element_by_name('username')
password = driver.find_element_by_name('password')
username.send_keys('seu_username')
password.send_keys('sua_senha')
login_btn = driver.find_element_by_name('login')
login_btn.click()
```

* Interagindo com Elementos

Digamos que você precise clicar em um botão para exibir os dados.

```
button = driver.find_element_by_id('meu-botao')
button.click()
```

* Coletando Dados

Finalmente, a parte divertida: raspar os dados. Selenium torna isso uma brincadeira de criança.

```
dados = driver.find_element_by_id('meus-dados').text
```

* Lidando com páginas dinâmicas

Às vezes, a página que você está raspando carrega dinamicamente mais conteúdo. Selenium pode lidar com isso também!

```
from selenium.webdriver.common.by import By
from selenium.webdriver.support.ui import WebDriverWait
from selenium.webdriver.support import expected_conditions as EC
try:
    element = WebDriverWait(driver, 10).until(
        EC.presence_of_element_located((By.ID, 'meu-elemento'))
    )
finally:
    driver.quit()
```

* Quando Usar e Quando Não Usar

O Selenium é poderoso, mas não é sempre a melhor escolha. É mais lento do que outras bibliotecas porque ele realmente carrega a página no navegador, o que pode ser demorado e consumir mais memória. Use quando necessário.

* Respeite as regras

Não é porque você pode fazer algo que você deve. Sempre respeite os termos de serviço do site e não sobrecarregue os servidores.

Conclusão

Web scraping é uma habilidade valiosa em nossa era digital. Com o Selenium, você pode até acessar dados atrás de cliques e scrolls. Então, por que você está esperando? Vá coletar alguns dados legais, mas lembre-se: com grande poder vem grande responsabilidade. Seja ético e respeite as regras enquanto você coleta seus tesouros digitais.

Tópico: Automação de CLI com Python

- Introdução: Vamos Falar Sobre CLI?

Então, você está aqui, provavelmente porque já cansou de arrastar e soltar arquivos ou clicar mil vezes para realizar uma tarefa que claramente poderia ser automatizada. Talvez você já tenha ouvido falar de automação de Interface de Linha de Comando (CLI), ou talvez você esteja se perguntando: "CLI, o que é isso? Um novo sabor de sorvete?" CLI significa Interface de Linha de Comando e, embora possa não ser tão delicioso quanto um sorvete, é definitivamente uma ferramenta poderosa que pode tornar a sua vida muito mais fácil. E o melhor de tudo é que Python torna isso extremamente acessível. Vamos decolar!

- Por que CLI?

Antes de começarmos, por que você deveria se importar com a CLI? Bem, aqui estão alguns motivos:

Eficiência: Menos cliques, menos problemas.
Automatização: Execute uma linha de comando e veja a mágica acontecer.
Personalização: Faça o script fazer exatamente o que você quer.
Portabilidade: Copie seu script para outro lugar e execute-o sem complicações.
Bibliotecas para Começar: Python oferece uma gama de bibliotecas que facilitam a automação de CLI, incluindo argparse, click e fire. Vamos nos concentrar no argparse porque ele é nativo e fácil de começar.

Não é necessário instalar argparse; ele é parte da biblioteca padrão do Python

- Primeiro Script: Hello, World!

O primeiro passo para dominar qualquer coisa é começar com o básico.

```python
import argparse
def main(name):
    print(f"Hello, {name}!")
if __name__ == "__main__":
    parser = argparse.ArgumentParser(description='Diga um olá')
    parser.add_argument('name', help='Nome da pessoa a cumprimentar')
    args = parser.parse_args()
    main(args.name)
```

Salve este código em um arquivo e execute-o a partir da linha de comando:
python hello.py John

- Agora, Vamos ao Negócio Sério

Suponhamos que você queira automatizar o processo de renomear um lote de arquivos. Você poderia fazer isso manualmente, mas por que se dar ao trabalho?

```python
import os
import argparse
def rename_files(prefix, path):
    for count, filename in enumerate(os.listdir(path)):
        new_filename = f"{prefix}_{count}.jpg"
        os.rename(os.path.join(path, filename), os.path.join(path, new_filename))
if __name__ == "__main__":
    parser = argparse.ArgumentParser(description='Renomeia arquivos em um diretório')
    parser.add_argument('prefix', help='Prefixo para os novos nomes de arquivo')
    parser.add_argument('path', help='Caminho do diretório onde os arquivos estão localizados')
    args = parser.parse_args()
    rename_files(args.prefix, args.path)
```

- Flags e Opções

Claro, às vezes você quer mais flexibilidade. argparse permite adicionar opções facilmente.

```python
parser.add_argument('-v', '--verbose', action='store_true', help='Modo verboso')
```

- Crie Seus Próprios Comandos de Terminal

Você sabia que pode criar comandos personalizados? Veja o pacote setuptools para mais informações. Este é um tópico amplo e merece um artigo próprio, mas é definitivamente algo a se considerar.

- Automação de Scripts para DevOps

CLI não é só para automatizar tarefas bobas. Com Python, você pode fazer coisas sérias como iniciar servidores, verificar a saúde do sistema, realizar backups e até mesmo fazer deploy de aplicativos.

- E as Boas Práticas?

Mantenha Simples: Seu script deve fazer uma coisa e fazê-la bem.
Modularize: Separe seu código em funções para torná-lo mais legível e manutenível.
Documente: Sempre adicione **Comentário**s e documentação.
Teste: Antes de usar o script em um ambiente real, teste-o cuidadosamente.

Conclusão

Automatizar a CLI com Python é uma habilidade incrivelmente útil e versátil. Isso pode não só tornar sua vida mais fácil, mas também abrir portas para tarefas mais complexas e até mesmo uma carreira em DevOps ou automação de sistemas. Então, o que você está esperando? Vá automatizar algo!

Tópico: Automação de E-mail com Python

- Introdução

Hey, e aí! Então, você também tem aqueles dias em que sua caixa de entrada parece um monstro indomável, pronto para engolir seu tempo e energia? Pois é, todos nós já estivemos lá. Mas antes de você se afogar em um mar de e-mails não lidos e notificações, que tal assumir o controle com Python? Neste tópico, vamos decifrar como automatizar tarefas relacionadas ao e-mail, para que você possa se concentrar em coisas mais importantes. Tipo... assistir aquela série na Netflix que você deixou de lado.

- Por que Automação de E-mail?

Produtividade: Envie dezenas de e-mails em minutos.
Eficiência: Elimine tarefas repetitivas relacionadas ao e-mail.
Organização: Mantenha sua caixa de entrada em ordem com regras automatizadas.

- Bibliotecas Python para Automação de E-mail

Python oferece bibliotecas incríveis como **smtplib** para enviar e-mails e **imaplib** para ler e-mails. Além disso, a biblioteca email facilita a criação de e-mails com anexos, HTML e outras funcionalidades avançadas.

 # Essas bibliotecas são parte da biblioteca padrão do Python, então não é necessário instalá-las.

- Primeiros Passos: Enviando um E-mail Simples

Para começar, aqui está um **Exemplo** de como enviar um e-mail simples usando Python.

```python
import smtplib
def send_email(subject, body, to):
    user = "your_email@gmail.com"
    password = "your_password"
    server = smtplib.SMTP('smtp.gmail.com', 587)
    server.starttls()
    server.login(user, password)
    message = f"Subject: {subject}\n\n{body}"
    server.sendmail(user, to, message)
    server.quit()
send_email("Olá", "Como você está?", "destinatario@gmail.com")
```

Nota de Segurança: Nunca armazene senhas diretamente no código. Use variáveis de ambiente ou um gerenciador de segredos.

- Enviando E-mails com Anexos

Então você quer subir de nível e começar a enviar anexos? Nada mal, jovem Padawan!

```python
from email.mime.multipart import MIMEMultipart
```

```python
from email.mime.text import MIMEText
from email.mime.application import MIMEApplication
def send_email_with_attachment(subject, body, to, file_path):
    # ... (parte do código anterior)
    msg = MIMEMultipart()
    msg['From'] = user
    msg['To'] = to
    msg['Subject'] = subject
    msg.attach(MIMEText(body, 'plain'))
    with open(file_path, "rb") as f:
        attach = MIMEApplication(f.read(), Name=os.path.basename(file_path))
    attach['Content-Disposition'] = f'attachment; filename={os.path.basename(file_path)}'
    msg.attach(attach)
    server.sendmail(user, to, msg.as_String())
    server.quit()
```

- Lendo E-mails

Ok, agora você quer receber e ler e-mails, talvez para automatizar respostas ou para limpar sua caixa de entrada. Você pode fazer isso usando a biblioteca **imaplib** .

```python
import imaplib
import email
def read_emails():
    mail = imaplib.IMAP4_SSL("imap.gmail.com")
    mail.login("your_email@gmail.com", "your_password")
    mail.select('inbox')
    status, messages = mail.search(None, 'ALL')
    for num in messages[0].split():
        typ, data = mail.fetch(num, '(RFC822)')
        raw_email = data[0][1]
        msg = email.message_from_bytes(raw_email)
        print("Subject:", msg["subject"])
        print("From:", msg["from"])
        print("To:", msg["to"])
```

- Automação de Respostas

Imagine que você está executando uma campanha de e-mail e deseja enviar respostas automáticas com base em determinados critérios. Você pode configurar um sistema que lê a caixa de entrada em intervalos regulares e envia respostas automáticas.

```python
def automated_response():
    # Ler e-mails (usar o código anterior)
    # Se o e-mail atender aos critérios, envie uma resposta
    if "algum critério" in msg["subject"]:
        send_email("Resposta Automática", "Obrigado por entrar em contato!", msg["from"])
```

Conclusão

Automação de e-mail com Python não é apenas uma maneira inteligente de ser mais eficiente, mas também de usar sua criatividade para resolver problemas do dia a dia. A vida é curta para ficar preso na rotina de apagar e responder e-mails manualmente. Então, o que você está esperando? Mãos à obra!

Tópico: Tornando-se um Jedi da Automação com PyAutoGUI

- Introdução

E aí, galera! Sabe aqueles cliques, arrastes e teclas que você pressiona milhões de vezes todos os dias? Imagine se você pudesse automatizar tudo isso e, em vez disso, dedicar esse tempo para fazer algo realmente divertido ou produtivo. Sim, você pode fazer isso! Entre no mundo da automação de GUI com o PyAutoGUI, uma biblioteca Python incrivelmente poderosa e fácil de usar.

- O que é PyAutoGUI?

PyAutoGUI é uma biblioteca Python para controlar o mouse e o teclado. A beleza dessa biblioteca é a sua simplicidade. Você não precisa ser um expert em programação para começar a usar.

- Instalação

Para instalar, você pode usar pip:
pip install pyautogui

- Vamos Direto ao Ponto: Controle do Mouse

Antes de mais nada, vamos aprender a mover o mouse. Porque, vamos ser honestos, quem não gostaria de ter o poder telecinético de mover as coisas com a mente (ou, neste caso, com código)?

Movendo o Mouse
import pyautogui

 # Move o mouse para as coordenadas X=100, Y=100
pyautogui.moveTo(100, 100)

Clicando com o Mouse
import pyautogui

 # Clica no botão esquerdo do mouse
import pyautogui

pyautogui.click(100, 100)

- Domine o Teclado, tão fácil quanto ABC. Aqui estão alguns comandos básicos:

Digitando Texto
import pyautogui

pyautogui.write('Olá, mundo!')

Pressionando e Segurando Teclas
import pyautogui
pyautogui.keyDown('capslock')
pyautogui.write('ola, mundo!')
pyautogui.keyUp('capslock')
- Fazendo Tarefas Complexas: Scripts de Automação

Tá, isso é legal e tal, mas e daí? Bom, imagine que você quer automatizar uma tarefa como abrir o navegador, acessar o YouTube e tocar seu vídeo favorito. Você pode fazer isso!

```python
import time
# Abre o menu Iniciar
pyautogui.press('win')
# Espera um segundo e digita 'chrome'
time.sleep(1)
pyautogui.write('chrome')
pyautogui.press('enter')
# Espera o Chrome abrir e digita o URL
time.sleep(2)
pyautogui.write('https://www.youtube.com')
pyautogui.press('enter')
# Espera o YouTube carregar e toca o primeiro vídeo
time.sleep(4)
pyautogui.press('tab')
pyautogui.press('enter')
```

- Alertas e Pop-ups

Suponhamos que você esteja executando um script longo e queira ser notificado quando ele terminar. PyAutoGUI tem você coberto:

pyautogui.alert('O script terminou!')

- Screenshot e Reconhecimento de Imagem

Você pode até tirar screenshots ou encontrar onde uma imagem aparece na tela.

```python
# Tira um screenshot
screenshot = pyautogui.screenshot()
# Encontra a localização de uma imagem na tela
location = pyautogui.locateOnScreen('alguma_imagem.png')
```

- Precauções de Segurança

PyAutoGUI é poderoso, mas com grande poder vem grande cuidado. Um erro em seu script pode fazer com que o mouse e o teclado realizem ações indesejadas. Portanto, sempre teste seus scripts cuidadosamente em um ambiente seguro.

Conclusão

E aí está, você agora é praticamente um mestre Jedi da automação de GUI. O PyAutoGUI é uma ferramenta incrível que coloca um poder absurdo na ponta dos seus dedos. Então vá em frente, liberte sua imaginação e comece a criar seus próprios scripts de automação. O céu é o limite!

Exercícios Capítulo 9: Automação de Tarefas e novamente erros podem ocorrer durante a execução dos exercícios, que foram testados em variados ambientes; encare isso como uma oportunidade para aprimorar suas habilidades de depuração de código

- Web Scraping com Selenium

323. Navegador Automático: Utilize o Selenium para abrir um navegador e navegar até a sua rede social preferida. Faça o login automaticamente.

324. Scraping de Notícias: Utilize o Selenium para coletar as últimas 5 notícias do site de notícias de sua escolha.

325. Raspagem de **Comentário**s: Vá até uma postagem de blog ou vídeo e raspe os 10 primeiros **Comentário**s.

326. Verificador de Estoque: Crie um script para verificar se um determinado item está em estoque em um site de compras online.

327. Crawler de Imagens: Faça um script que baixe todas as imagens de uma página web.

- Automação de CLI com Python

328. Script de Backup: Crie um script CLI que faça backup de um diretório especificado.

329. Conversor de Arquivos: Crie um comando de linha que converta arquivos CSV para JSON.

330. Monitor de Sistema: Implemente um monitor de sistema básico que mostre o uso de CPU e memória.

331. Download de Arquivos: Crie um script CLI para baixar arquivos de URLs fornecidas.

332. Verificador de Links: Faça um script que verifique todos os links em uma página web e informe quais estão quebrados.

- Automação de E-mail com Python

333. Alerta de Aniversário: Crie um script que envie e-mails de aniversário automáticos.

334. Newsletter Semanal: Desenvolva um script que envie uma newsletter por e-mail para uma lista de contatos.

335. Relatório Automático: Crie um script que gere um relatório e o envie por e-mail para seu chefe todos os dias.

336. Responder a E-mails: Faça um bot que responda automaticamente a e-mails com um conjunto de respostas predefinidas.

337. Verificador de Spam: Crie um script que marque e-mails com determinadas palavras-chave como spam.

- PyAutoGUI

338. Automação de Aplicativo: Utilize o PyAutoGUI para abrir um aplicativo em seu computador e realizar ações básicas.

339. Desenho Automático: Use o PyAutoGUI para abrir o Paint e desenhar uma forma básica.

340. Automação de Formulário Web: Preencha um formulário na web usando PyAutoGUI.

341. Jogo Automático: Utilize o PyAutoGUI para jogar um jogo simples online ou offline.

342. Screenshot Automático: Configure o PyAutoGUI para tirar uma captura de tela em um horário específico todos os dias.

Cada exercício deve ser uma oportunidade para você aplicar o que aprendeu e, ao mesmo tempo, desafiar-se a ir um pouco além. Bom trabalho!

Capítulo 10: Construindo Aplicações de Linha de Comando

Tópico: Argumentos da Linha de Comando

Hey, tudo bem? Se você já passou algum tempo navegando no terminal, deve ter notado que frequentemente inserimos comandos seguidos por algum texto adicional, certo? Esses textos adicionais são conhecidos como argumentos da linha de comando e eles têm um papel gigante na forma como interagimos com aplicações e programas.

- O que são Argumentos da Linha de Comando?

Vamos começar pelo começo: o que são esses argumentos e por que deveríamos nos importar com eles? Argumentos da linha de comando são, basicamente, informações adicionais que você fornece a um programa para que ele saiba como executar uma tarefa específica. Pense neles como parâmetros que você envia para o programa, ajudando-o a tomar decisões ou a entender qual ação realizar.

Por **Exemplo**, quando você digita algo como git clone [URL] no seu terminal, [URL] é um argumento da linha de comando que diz ao Git exatamente qual repositório você deseja clonar.

- Por que são importantes?

Imagine ter que interagir com todos os programas usando apenas sua interface gráfica; isso tornaria as coisas muito lentas e improdutivas, certo? Argumentos da linha de comando oferecem um meio direto e eficiente de comunicar suas intenções ao programa, permitindo que você realize tarefas complexas com apenas algumas palavras-chave e parâmetros. Isso faz parte do DNA do desenvolvimento ágil e eficiente.

Exemplos Práticos

1. Copiar Arquivos com cp
O comando para copiar arquivos no Linux é cp. Você especifica o arquivo de origem e o destino:

cp source.txt destination.txt

2. Mover Arquivos com mv
Semelhante ao comando cp, mas neste caso, o arquivo é movido:

mv old_folder new_folder

3. Listar Arquivos com ls
Você pode listar arquivos e adicionar argumentos para ver detalhes:

ls -l

4. Python e Argumentos

Em Python, você pode utilizar o módulo argparse para lidar com argumentos da linha de comando:

```
import argparse

parser = argparse.ArgumentParser()
parser.add_argument("name", help="Your name")
args = parser.parse_args()
print(f"Hello, {args.name}!")
```

Quando você roda esse script como python script.py Alice, ele imprime Hello, Alice!.

5. Filtro de Pesquisa com grep
grep é outro comando muito útil, usado para procurar texto:

```
grep "palavra-chave" arquivo.txt
```

6. Gerenciamento de Pacotes
Comandos como *npm install [pacote]* ou *pip install [pacote]* também usam argumentos para especificar o que instalar.

7. Git e Argumentos
Você já deve ter usado algo como *git commit -m "mensagem"* para fazer um commit no Git.

8. Wget para Download
Wget é uma ferramenta gratuita que facilita o download de arquivos e sites:

```
wget [URL]
```

9. Comando find para Procura de Arquivos
```
find / -name "myfile.txt"
```

10. Utilizando o Curl
O curl é uma ferramenta poderosa usada para transferir dados. Por **Exemplo**:

```
curl -O [URL]
```

- Recapitulando

Entender como utilizar argumentos da linha de comando não só torna sua vida mais fácil como também abre a porta para a automação de tarefas e scripts avançados. E a melhor parte é que você não precisa de um curso intensivo para começar; com 20% do conhecimento, você consegue fazer 80% das tarefas que vai encontrar no dia a dia.

Agora que você tem uma compreensão decente do que são argumentos da linha de comando e como eles funcionam, você está pronto para mergulhar mais fundo no mundo do desenvolvimento de software. Fique ligado para os próximos tópicos deste capítulo!

E aí, tá esperando o quê? Vai lá e começa a brincar com alguns comandos e argumentos!

Vamos aprofundar nosso conhecimento sobre argumentos da linha de comando com alguns **Exemplos** práticos. Vou usar Python e Bash para esses **Exemplos**. Prepare-se, isso vai ser divertido e não esqueça de debugar!

Exemplo 1: Hello World com Argumentos
```
import sys
if len(sys.argv) > 1:
    print(f"Hello, {sys.argv[1]}!")
else:
    print("Hello, World!")
```

Comentário: Este script Python simples usa o módulo sys para ler argumentos da linha de comando. Se você executar python script.py Alice, ele imprimirá "Hello, Alice!". Sem argumentos, ele dirá "Hello, World!".

Exemplo 2: Copiando Arquivos com cp
```
cp source.txt destination.txt
```

Comentário: O comando cp copia source.txt para destination.txt. Os dois arquivos são argumentos da linha de comando.

Exemplo 3: Usando argparse em Python
```
import argparse
parser = argparse.ArgumentParser(description='Calcular o quadrado de um número.')
parser.add_argument('x', type=int, help='O número a ser elevado ao quadrado.')
args = parser.parse_args()
print(args.x**2)
```

Comentário: Este script Python usa argparse para receber um número e imprimir seu quadrado. Execute python script.py 5, e ele imprimirá 25.

Exemplo 4: Listando Arquivos com ls
```
ls -l
```

Comentário: O comando ls lista os arquivos, e o argumento -l indica que queremos ver os detalhes.

Exemplo 5: Git Clone
```
git clone https://github.com/user/repo.git
```

Comentário: git clone copia um repositório. A URL do repositório é um argumento.

Exemplo 6: Fazendo uma Requisição HTTP com curl
```
curl -O https://example.com/file.txt
```

Comentário: O comando curl faz uma requisição HTTP. O argumento -O diz para salvar o arquivo com o nome original.

Exemplo 7: Procurando Texto com grep
```
grep "palavra" arquivo.txt
```

Comentário: grep busca por um texto em arquivo.txt. "palavra" e "arquivo.txt" são argumentos.

Exemplo 8: Mudar de Diretório com cd
cd /path/to/directory

Comentário: O comando cd muda o diretório atual. O caminho é um argumento.

Tópico: Criação de Scripts Utilitários

Ok, então você está navegando pelo seu terminal, digitando comandos como se fosse algum tipo de hacker de filme, e de repente pensa: "Cara, eu poderia automatizar isso!" Bem-vindo ao incrível mundo dos scripts utilitários. Esse é o lugar onde você vai realmente tirar proveito da linha de comando, e nós vamos abordar tudo isso como se estivéssemos em um podcast geek, mas por escrito.

- O Que São Scripts Utilitários?

Scripts utilitários são pequenos programas ou rotinas que automatizam algumas tarefas comuns. Quer limpar sua pasta de downloads com um comando? Precisa renomear um monte de arquivos? Isso é o que um script utilitário faz.

- Por Que Python?

Python é como o multiverso para programadores. Você pode fazer praticamente qualquer coisa com ele, e isso inclui escrever scripts utilitários incríveis. É simples, tem uma sintaxe limpa e uma vasta biblioteca padrão.

- Seu Primeiro Script Utilitário

Exemplo 1: Script para Limpar a Pasta de Downloads

```python
import os
import shutil
def limpar_pasta_download(caminho):
    for arquivo in os.listdir(caminho):
        if arquivo.endswith('.tmp'):
            os.remove(os.path.join(caminho, arquivo))
        elif arquivo.startswith('backup_'):
            shutil.move(os.path.join(caminho, arquivo), '/path/to/backup/folder')
limpar_pasta_download('/path/to/download/folder')
```

O que está acontecendo aqui?

Importamos os módulos os e shutil, definimos uma função *limpar_pasta_download* que vai até a pasta de downloads e faz duas coisas:

1-) Remove todos os arquivos .tmp

2-) Move todos os arquivos que começam com backup_ para uma pasta de backup.

Exemplo 2: Renomeando um Montão de Arquivos

```python
import os
def renomear_arquivos(caminho, prefixo):
    for count, arquivo in enumerate(os.listdir(caminho)):
        novo_nome = f"{prefixo}_{count}.txt"
        os.rename(os.path.join(caminho, arquivo), os.path.join(caminho, novo_nome))
renomear_arquivos('/path/to/folder', 'meu_arquivo')
```

O que está acontecendo aqui?

O código lista todos os arquivos em um determinado diretório e renomeia cada arquivo com um prefixo e um número de ordem, como meu_arquivo_0.txt, meu_arquivo_1.txt, etc.

Exemplo 3: Automatizar o Envio de E-mails

Para quem trabalha com relatórios ou notificações regulares, esse script é um salva-vidas.

```python
import smtplib
def enviar_email(para, assunto, mensagem):
    server = smtplib.SMTP('smtp.gmail.com', 587)
    server.starttls()
    server.login("seu_email@gmail.com", "sua_senha")
    email_mensagem = f"Subject: {assunto}\n\n{mensagem}"
    server.sendmail("seu_email@gmail.com", para, email_mensagem)
    server.quit()
enviar_email("destinatario@email.com", "Assunto Legal", "Olá, isso é um teste.")
```

O que está acontecendo aqui?

O script utiliza o módulo **smtplib** para enviar e-mails usando o servidor SMTP do Gmail. Ele faz login com suas credenciais, compõe a mensagem e a envia.

- Dicas para Escrever Bons Scripts Utilitários

Seja Modular: Mantenha seus scripts pequenos e focados em uma tarefa.

Use Argumentos da Linha de Comando: Facilite a flexibilidade e reutilização.

Comente Seu Código: Não subestime o poder de bons **Comentário**s.

Conclusão

Scripts utilitários são uma maneira incrível de aumentar sua eficiência e fazer você se sentir como o Tony Stark da programação. Pegue um problema do dia a dia e tente resolver com um script. Você vai se surpreender com o quanto pode fazer com apenas algumas linhas de código.

Tópico: Interface Simples com o Usuário

Bem, se você já está nesta parte da nossa jornada, você está definitivamente no lugar certo para dar o próximo grande passo. Até agora, provavelmente, você já dominou a sintaxe básica e aprendeu a trabalhar com bibliotecas em Python. Agora, é hora de dar ao seu programa aquele toque final que todo usuário adora: uma interface de usuário simples e amigável. Vamos encarar: todo mundo gosta de coisas que são fáceis de usar, incluindo você e eu.

- Por Que a Interface é Tão Importante?

Pare e pense no seu aplicativo de streaming de música ou vídeo favorito. Ele é bom porque o conteúdo é incrível? Claro que sim. Mas o que o torna realmente viciante é quão fácil e intuitivo ele é de usar. A interface do usuário é como a embalagem de um produto: não importa o quão bom seja o conteúdo, se você não consegue acessá-lo facilmente, vai perder o interesse.

Nível Básico: input() e print()

Exemplo 1: Simples Login
Aqui, vamos criar um simples sistema de login.

```
username = input("Digite seu nome de usuário: ")
password = input("Digite sua senha: ")
if username == "admin" and password == "1234":
    print("Bem-vindo, admin!")
else:
    print("Acesso negado.")
```

Comentário: O código acima coleta o nome de usuário e a senha e compara com valores predefinidos ("admin" e "1234"). Simples, mas não é seguro. No entanto, é um começo para entender a interação com o usuário.

- Widgets da Linha de Comando: 'cmd2'

Exemplo 2: Criando um Mini Menu

Imagine que você quer oferecer ao usuário um mini menu com opções que ele possa escolher.

```
from cmd2 import Cmd
class App(Cmd):
    def do_greet(self, line):
        print(f"Olá, {line}!")
    def do_sair(self, line):
        return True
app = App()
app.cmdloop()
```

Ao executar este script, você verá um prompt interativo. Digite greet [seu nome] para ver uma saudação personalizada.
Comentário: Aqui, cmd2 nos permite criar um pequeno shell interativo com comandos personalizados.
- Progresso e Feedback: tqdm

Exemplo 3: Download de Arquivo com Barra de Progresso
```
from tqdm import tqdm
import requests
def download_file(url, filename):
    r = requests.get(url, stream=True)
    file_size = int(r.headers['content-length'])
    chunk = 1
    chunk_size = 1024
```

```python
num_bars = int(file_size / chunk_size)

with open(filename, 'wb') as fp, tqdm(
    desc = filename,
    total = num_bars,
    unit = 'KB',
    unit_scale = True,
    unit_divisor = 1024,
) as bar:
    for chunk in r.iter_content(chunk_size=chunk_size):
        fp.write(chunk)
        bar.update(1)

# Exemplo de uso
download_file('http://www.example.com/large_file.zip', 'large_file.zip')
```

Comentário: Este script faz o download de um arquivo e exibe uma barra de progresso. O módulo tqdm faz a barra de progresso, enquanto requests cuida do download.

- Coletando Feedback do Usuário

Exemplo 4: Avaliação de Experiência
```python
feedback = input("Em uma escala de 1 a 5, como você avaliaria esta aplicação? ")
if feedback == '5':
    print("Obrigado! Você é demais!")
elif feedback == '1':
    print("Que pena! Vamos tentar melhorar.")
else:
    print("Obrigado pelo seu feedback.")
```

Comentário: Coletar feedback do usuário é crucial para melhorar sua aplicação. O código acima faz exatamente isso de uma forma muito simples.

Recapitulando

Neste tópico, abordamos diversas formas de tornar a interface do usuário mais amigável e interativa. A partir de inputs e outputs básicos até widgets e barras de progresso, Python oferece uma infinidade de opções para tornar a interação com o usuário não só eficiente, mas também agradável. A próxima vez que você criar um script ou uma pequena aplicação, lembre-se: uma boa UI pode ser a diferença entre um usuário frustrado e um fã devoto. Escolha sabiamente!
Exercícios para o Capítulo 10 e não esqueça de debugar sempre!

- Argumentos da Linha de Comando

343. Crie um script Python que aceite um argumento da linha de comando para imprimir um "Olá, [nome]" personalizado.
344. Amplie o script anterior para aceitar uma opção --idade, que também imprime a idade do usuário.
345. Crie um script que possa somar, subtrair, multiplicar ou dividir dois números fornecidos como argumentos da linha de comando.

- Criação de Scripts Utilitários

346. Desenvolva um script para fazer backup de um diretório fornecido como argumento da linha de comando.
347. Crie um script que renomeia todos os arquivos em um diretório para minúsculas.
348. Desenvolva um script que encontra e lista todos os arquivos de um determinado tipo (por **Exemplo**, .txt) em um diretório.
349. Faça um script que encontre arquivos duplicados em um diretório e os mova para uma pasta separada.

- Interface Simples com o Usuário

350. Crie um programa com uma interface de linha de comando que permite ao usuário adicionar, listar e remover tarefas de uma lista de tarefas.
351. Crie uma calculadora simples com uma interface do usuário. Permita que o usuário escolha entre somar, subtrair, multiplicar e dividir.
352. Crie um programa que permita ao usuário fazer uma quiz com perguntas e respostas. O programa deve dar feedback se a resposta estiver certa ou errada.
353. Crie um script que pergunta ao usuário seu nome, idade e ocupação, e então salva essas informações em um arquivo de texto.
354. Desenvolva um script que lê um arquivo de texto e conta a frequência de cada palavra. Exiba as 10 palavras mais frequentes.
355. Faça um programa que permita ao usuário criar, ler, atualizar e deletar registros em um arquivo CSV.
356. Crie um programa que leia uma lista de contatos de um arquivo CSV e permita ao usuário enviar um e-mail para contatos selecionados.
357. Desenvolva um script que permita ao usuário fornecer um URL como um argumento da linha de comando. O script deve baixar e salvar o conteúdo da página web.

Esses exercícios são projetados para reforçar sua compreensão sobre como utilizar argumentos da linha de comando, criar scripts utilitários, e criar interfaces simples com o usuário. Bons estudos!

Tópico: Respostas aos exercícios propostos:

Parabéns por chegar à seção de respostas! Se você conseguiu resistir à tentação de espiar aqui antes de enfrentar os exercícios, você já é um vencedor aos meus olhos. Resolver desafios de cabeça erguida é o segredo para se tornar um programador inabalável. Lembre-se, esses exercícios foram meticulosamente testados em diferentes cenários. Então, se algo não funcionou como esperado em seu ambiente, considere isso uma chance única de aprimorar suas habilidades de depuração. Afinal, um bom programador não é aquele que nunca erra, mas aquele que sabe como corrigir seus erros

Exercício 01
```python
# Criação da variável nome e atribuição do meu nome a ela
nome = "João"
# Impressão da mensagem personalizada
print(f"Olá, {nome}!")
```

Exercício 02
```python
# Declaração da variável idade e atribuição da minha idade a ela
idade = 25
# Impressão da mensagem indicando a idade
print(f"Você tem {idade} anos.")
```

Exercício 03
```python
# Criação da variável numero e atribuição de um valor inteiro a ela
numero = 5
# Cálculo e impressão do dobro do número
print(numero * 2)
```

Exercício 04
```python
# Declaração da variável altura e atribuição de um número de ponto flutuante a ela
altura = 1.75
# Impressão da altura em metros
print(f"Sua altura é {altura} metros.")
```

Exercício 05
```python
# Criação da variável ativo e atribuição de um valor booleano a ela
ativo = True
# Impressão do status
print(f"Status: {ativo}")
```

Exercício 06
```python
# Declaração de duas variáveis numero1 e numero2 com valores diferentes
numero1 = 10
numero2 = 20
# Troca dos valores sem usar uma terceira variável
numero1, numero2 = numero2, numero1
# Impressão das variáveis trocadas
print(f"numero1: {numero1}, numero2: {numero2}")
```

Exercício 07
```python
# Criação de duas variáveis num1 e num2 com valores diferentes
num1 = 3
num2 = 7
# Cálculo e impressão da soma dos dois números
print(f"A soma é {num1 + num2}")
```

Exercício 08
```python
# Declaração da variável idade com um valor inteiro
idade = 25
# Cálculo e impressão da idade daqui a 10 anos
print(f"Sua idade daqui a 10 anos será {idade + 10}")
```

Exercício 09
```python
# Declaração das variáveis altura e peso
altura = 1.75
peso = 70
# Cálculo do IMC
IMC = peso / (altura ** 2)
# Impressão do IMC
print(f"Seu IMC é {IMC:.2f}")
```

Exercício 10
```python
# Declaração das variáveis lado e área
lado = 5
# Cálculo da área do quadrado
area = lado ** 2
# Impressão da área
print(f"A área do quadrado é {area}")
```

Exercício 11
```python
# Solicitação do valor em reais ao usuário
valor_reais = float(input("Informe o valor em reais: "))
# Taxa de câmbio fictícia
taxa_cambio = 5.3
# Conversão para dólares
valor_dolares = valor_reais / taxa_cambio
# Impressão do valor em dólares
print(f"O valor em dólares é ${valor_dolares:.2f}")
```

Exercício 12
```python
# Declaração das variáveis preco_original e desconto
preco_original = 100
desconto = 10  # em porcentagem
# Cálculo do preço com desconto
preco_final = preco_original * (1 - desconto / 100)
# Impressão do preço final
print(f"O preço com desconto é R${preco_final:.2f}")
```

Exercício 13
```python
# Declaração da variável temperatura em graus Celsius
celsius = 25
# Conversão para Fahrenheit
fahrenheit = (celsius * 9/5) + 32
# Impressão da temperatura em Fahrenheit
print(f"A temperatura em Fahrenheit é {fahrenheit}°F")
```

Exercício 14
```python
# Declaração da variável minutos
minutos = 150
# Conversão para horas e minutos
horas = minutos // 60
minutos_restantes = minutos % 60
# Impressão do tempo em horas e minutos
print(f"{minutos} minutos são {horas} horas e {minutos_restantes} minutos")
```

Exercício 15
```python
# Declaração das variáveis comprimento e largura
comprimento = 5
largura = 3
# Cálculo da área do retângulo
area_retangulo = comprimento * largura
# Impressão da área
print(f"A área do retângulo é {area_retangulo}")
```

Exercício 16
```python
# Solicitação do valor e desconto dos três produtos
valor1 = float(input("Informe o valor do primeiro produto: "))
desconto1 = float(input("Informe o desconto do primeiro produto: "))
valor2 = float(input("Informe o valor do segundo produto: "))
desconto2 = float(input("Informe o desconto do segundo produto: "))
valor3 = float(input("Informe o valor do terceiro produto: "))
desconto3 = float(input("Informe o desconto do terceiro produto: "))
# Cálculo do valor total
total = (valor1 * (1 - desconto1 / 100)) + (valor2 * (1 - desconto2 / 100)) + (valor3 * (1 - desconto3
/ 100))
# Impressão do valor total
print(f"O valor total a ser pago é R${total:.2f}")
```

Exercício 17
```python
# Declaração das variáveis base e altura
base = 5
altura = 3
# Cálculo da área do triângulo
area_triangulo = 0.5 * base * altura
# Impressão da área
print(f"A área do triângulo é {area_triangulo}")
```

Exercício 18
```python
# Solicitação do salário bruto e do desconto do INSS
salario_bruto = float(input("Informe o salário bruto: "))
desconto_inss = float(input("Informe o desconto do INSS: "))
# Cálculo do salário líquido
salario_liquido = salario_bruto * (1 - desconto_inss / 100)
# Impressão do salário líquido
print(f"O salário líquido é R${salario_liquido:.2f}")
```

Exercício 19
```python
# Recebendo um número do usuário
numero = float(input("Digite um número: "))
# Verificando se o número é positivo, negativo ou zero
if numero > 0:
    print("O número é positivo.")
elif numero < 0:
    print("O número é negativo.")
else:
    print("O número é zero.")
```

Exercício 20
```python
# Declarando a variável idade
idade = int(input("Digite sua idade: "))
# Verificando se é menor ou maior de idade
if idade < 18:
    print("Menor de idade.")
else:
```

```python
    print("Maior de idade.")
```

Exercício 21
```python
# Recebendo um número do usuário
numero = int(input("Digite um número: "))
# Verificando se o número é par ou ímpar
if numero % 2 == 0:
    print("O número é par.")
else:
    print("O número é ímpar.")
```
Exercício 22
```python
# Declarando a variável ano
ano = int(input("Digite o ano: "))
# Verificando se o ano é bissexto
if (ano % 4 == 0 and ano % 100 != 0) or (ano % 400 == 0):
    print("O ano é bissexto.")
else:
    print("O ano não é bissexto.")
```

Exercício 23
```python
# Recebendo a nota do usuário
nota = float(input("Digite sua nota: "))
# Verificando se o estudante foi aprovado ou reprovado
if nota >= 7:
    print("Aprovado.")
else:
    print("Reprovado.")
```

Exercício 24
```python
# Recebendo um número do usuário
numero = int(input("Digite um número: "))
# Verificando se o número está entre 10 e 20, inclusive
if 10 <= numero <= 20:
    print("O número está entre 10 e 20.")
else:
    print("O número não está entre 10 e 20.")
```

Exercício 25
```python
# Solicitando o ano de nascimento do usuário
ano_nascimento = int(input("Digite seu ano de nascimento: "))
ano_atual = 2023  # Ano atual para o cálculo da idade
# Determinando se a pessoa pode votar
idade = ano_atual - ano_nascimento
if idade >= 16:
    print("Você pode votar.")
else:
    print("Você não pode votar.")
```

Exercício 26
```python
# Declarando a variável salario
salario = float(input("Digite o seu salário: "))
# Determinando o imposto de renda
if salario <= 1903.98:
    print("Isento de imposto de renda.")
elif salario <= 2826.65:
    print("Imposto de 7,5%")
elif salario <= 3751.05:
    print("Imposto de 15%")
elif salario <= 4664.68:
```

```python
    print("Imposto de 22,5%")
else:
    print("Imposto de 27,5%")
```

Exercício 27
```python
# Simulação de caixa eletrônico
valor = int(input("Digite o valor que deseja sacar: "))
notas = {100: 0, 50: 0, 20: 0, 10: 0, 5: 0, 2: 0}
for nota in notas.keys():
    notas[nota], valor = divmod(valor, nota)
print("Notas fornecidas:")
for nota, quantidade in notas.items():
    if quantidade > 0:
        print(f"Notas de R$ {nota}: {quantidade}")
```

Exercício 28
```python
# Solicita as notas de três provas
nota1 = float(input("Digite a primeira nota: "))
nota2 = float(input("Digite a segunda nota: "))
nota3 = float(input("Digite a terceira nota: "))
# Calcula e imprime a média
media = (nota1 + nota2 + nota3) / 3
if media >= 7:
    print(f"Aprovado com média {media}")
else:
    print(f"Reprovado com média {media}")
```

Exercício 29
```python
# Solicita um número de 1 a 7
dia = int(input("Digite um número de 1 a 7: "))
dias_da_semana = {
    1: "Domingo",
    2: "Segunda-feira",
    3: "Terça-feira",
    4: "Quarta-feira",
    5: "Quinta-feira",
    6: "Sexta-feira",
    7: "Sábado"
}
# Imprime o dia da semana correspondente
print("O dia da semana é:", dias_da_semana.get(dia, "Número inválido"))
```

Exercício 30
```python
import random
# Gera um número aleatório entre 1 e 100
numero_aleatorio = random.randint(1, 100)
while True:
    palpite = int(input("Tente adivinhar o número entre 1 e 100: "))
    if palpite > numero_aleatorio:
        print("O número é menor!")
    elif palpite < numero_aleatorio:
        print("O número é maior!")
    else:
        print("Parabéns, você acertou!")
        break
```

Exercício 31
```python
# Imprimir os números de 1 a 10 usando um loop for
for i in range(1, 11):
```

```python
    print(i)
```

Exercício 32
```python
# Inicializar a variável contador
i = 2
# Imprimir os números pares de 2 a 20 usando um loop while
while i <= 20:
    print(i)
    i += 2
```

Exercício 33
```python
# Solicitar um número do usuário
num = int(input("Digite um número para ver sua tabuada: "))
# Imprimir a tabuada do número
for i in range(1, 11):
    print(f"{num} x {i} = {num * i}")
```

Exercício 34
```python
# Inicializar as duas primeiras variáveis da sequência de Fibonacci
a, b = 0, 1
# Imprimir a sequência de Fibonacci até o décimo termo
for i in range(10):
    print(a)
    a, b = b, a + b
```

Exercício 35
```python
# Imprimir os números primos de 1 a 50
for num in range(2, 51):
    for i in range(2, int(num ** 0.5) + 1):
        if num % i == 0:
            break
    else:
        print(num)
```

Exercício 36
```python
# Solicitar um número do usuário e verificar se é um palíndromo
num = input("Digite um número: ")
if num == num[::-1]:
    print("É um palíndromo")
else:
    print("Não é um palíndromo")
```

Exercício 37
```python
# Lista de nomes
nomes = ["Alice", "Bob", "Charlie"]
# Loop for para iterar sobre a lista de nomes
for nome in nomes:
    print(f"Olá, {nome}!")
```

Exercício 38
```python
# Solicitar um número do usuário
num = int(input("Digite um número para verificar se é perfeito: "))
soma = 0
# Verificar se o número é perfeito
for i in range(1, num):
    if num % i == 0:
        soma += i
if soma == num:
    print("O número é perfeito.")
```

```python
else:
    print("O número não é perfeito.")
```

Exercício 39
```python
# Inicializar as duas primeiras variáveis da sequência de Fibonacci
a, b = 0, 2
# Imprimir a sequência de números pares de Fibonacci até o décimo termo
for i in range(10):
    print(a)
    a, b = b, a + 4 * b
```

Exercício 40
```python
import random
# Loop para o jogo "Pedra, Papel, Tesoura"
while True:
    escolha_usuario = input("Escolha entre Pedra, Papel ou Tesoura ou digite 'sair' para sair: ")
    if escolha_usuario.lower() == 'sair':
        break
    escolha_computador = random.choice(['Pedra', 'Papel', 'Tesoura'])
    print(f"Computador escolheu {escolha_computador}")
    if escolha_usuario == escolha_computador:
        print("Empate!")
    elif (escolha_usuario == 'Pedra' and escolha_computador == 'Tesoura') or \
         (escolha_usuario == 'Tesoura' and escolha_computador == 'Papel') or \
         (escolha_usuario == 'Papel' and escolha_computador == 'Pedra'):
        print("Você ganhou!")
    else:
        print("Você perdeu!")
```

Exercício 41
```python
# Encontrar números amigos em um intervalo especificado
for a in range(1, 1001):  # Intervalo de 1 a 1000, ajuste como desejar
    soma_a = sum(divisor for divisor in range(1, a) if a % divisor == 0)
    b = soma_a
    soma_b = sum(divisor for divisor in range(1, b) if b % divisor == 0)
    if a == soma_b and a != b:
        print(f"{a} e {b} são números amigos.")
```

Exercício 42
```python
# Converter um número decimal em binário usando um loop while
num = int(input("Digite um número decimal: "))
binario = ""
while num > 0:
    resto = num % 2
    binario = str(resto) + binario
    num = num // 2
print(f"O número em binário é: {binario}")
```

Exercício 43
```python
# Solicitar um número e imprimir os números primos até esse número
limite = int(input("Digite um número: "))
for num in range(2, limite + 1):
    for i in range(2, int(num ** 0.5) + 1):
        if num % i == 0:
            break
    else:
        print(num)
```

Exercício 44

```python
import time
# Contagem regressiva para o lançamento de um foguete
for i in range(10, 0, -1):
    print(i)
    time.sleep(1)
print("Lançamento!")
```

Exercício 45
```python
# Encontrar e imprimir todos os números narcisistas em um intervalo especificado
for num in range(10, 10001):  # Intervalo de 10 a 10000, ajuste como desejar
    soma = sum(int(digit) ** len(str(num)) for digit in str(num))
    if num == soma:
        print(f"{num} é um número narcisista.")
```

Exercício 46
```python
def eh_par(n):
    return n % 2 == 0
# Como chamar a função
print(eh_par(4))  # Deve retornar True
print(eh_par(3))  # Deve retornar False
```

Exercício 47
```python
import math
def area_circulo(raio):
    return math.pi * (raio ** 2)
# Como chamar a função
print(area_circulo(5))  # Deve retornar 78.53981633974483
```

Exercício 48
```python
def fatorial(n):
    resultado = 1
    for i in range(1, n + 1):
        resultado *= i
    return resultado
# Como chamar a função
print(fatorial(5))  # Deve retornar 120
```

Exercício 49
```python
def eh_primo(n):
    if n < 2:
        return False
    for i in range(2, int(n ** 0.5) + 1):
        if n % i == 0:
            return False
    return True
# Como chamar a função
print(eh_primo(17))  # Deve retornar True
print(eh_primo(16))  # Deve retornar False
```

Exercício 50
```python
def media(lista):
    return sum(lista) / len(lista)
# Como chamar a função
print(media([1, 2, 3, 4, 5]))  # Deve retornar 3.0
```

Exercício 51
```python
def mdc(a, b):
    while b:
        a, b = b, a % b
```

```python
    return a
# Como chamar a função
print(mdc(56, 48))  # Deve retornar 8
```

Exercício 52
```python
import random
def rolar_dado():
    return random.randint(1, 6)
# Como chamar a função
print(rolar_dado())  # Deve retornar um número entre 1 e 6
```

Exercício 53
```python
def celsius_para_fahrenheit(c):
    return (c * 9/5) + 32
# Como chamar a função
print(celsius_para_fahrenheit(25))  # Deve retornar 77.0
```

Exercício 54
```python
def contar_palavras_com_a(lista):
    return len([palavra for palavra in lista if palavra[0].upper() == 'A'])

# Como chamar a função
print(contar_palavras_com_a(['Apple', 'Banana', 'Avocado']))  # Deve retornar 2
```

Exercício 55
```python
def mdc_lista(lista):
    resultado = lista[0]
    for num in lista[1:]:
        resultado = mdc(resultado, num)
    return resultado
# Como chamar a função
print(mdc_lista([56, 48, 8]))  # Deve retornar 8
```

Exercício 56
```python
def quadrado_perfeito(n):
    return n ** 2
# Como chamar a função
print(quadrado_perfeito(5))  # Deve retornar 25
```

Exercício 57
```python
def numeros_pares(lista):
    return [n for n in lista if n % 2 == 0]
# Como chamar a função
print(numeros_pares([1, 2, 3, 4, 5]))  # Deve retornar [2, 4]
```

Exercício 58
```python
import random
def jogo_adivinhacao():
    numero_secreto = random.randint(1, 100)
    while True:
        palpite = int(input("Tente adivinhar o número secreto entre 1 e 100: "))
        if palpite == numero_secreto:
            print("Parabéns! Você acertou!")
            break
        elif palpite < numero_secreto:
            print("O número é maior!")
        else:
            print("O número é menor!")
# Como chamar a função
```

```python
jogo_adivinhacao()  # Isso iniciará o jogo
```

Exercício 59
```python
nome = input("Digite o seu nome: ")
print(f"Olá, {nome}!")
```


Exercício 60
```python
num1 = int(input("Digite o primeiro número: "))
num2 = int(input("Digite o segundo número: "))
print(f"A soma é: {num1 + num2}")
```

Exercício 61
```python
ano_nascimento = int(input("Digite o seu ano de nascimento: "))
idade_2030 = 2030 - ano_nascimento
print(f"Você terá {idade_2030} anos em 2030.")
```

Exercício 62
```python
# Função do Exercício 53
def celsius_para_fahrenheit(c):
    return (c * 9/5) + 32
temperatura = float(input("Digite a temperatura em graus Celsius: "))
print(f"A temperatura em Fahrenheit é: {celsius_para_fahrenheit(temperatura)}")
# Como chamar a função já foi mostrado no Exercício 53
```

Exercício 63
```python
numero = int(input("Digite um número para ver sua tabuada: "))
for i in range(1, 11):
    print(f"{numero} x {i} = {numero * i}")
```

Exercício 64
```python
nome = input("Digite o seu nome: ")
idade = input("Digite a sua idade: ")
email = input("Digite o seu e-mail: ")
print(f"Nome: {nome}\nIdade: {idade}\nE-mail: {email}")
```

Exercício 65
```python
def eh_primo(n):
    if n < 2:
        return False
    for i in range(2, int(n ** 0.5) + 1):
        if n % i == 0:
            return False
    return True
numero = int(input("Digite um número: "))
print(f"O número é primo: {eh_primo(numero)}")
```

Exercício 66
```python
def eh_narcisista(n):
    s = str(n)
    return n == sum(int(digit) ** len(s) for digit in s)
numero = int(input("Digite um número: "))
print(f"O número é narcisista: {eh_narcisista(numero)}")
# Como chamar a função: eh_narcisista(153)  # Deve retornar True
```

Exercício 67
```python
num1 = float(input("Digite o primeiro número: "))
num2 = float(input("Digite o segundo número: "))
operacao = input("Escolha uma operação (+, -, *, /): ")
```

```python
if operacao == '+':
    print(f"Resultado: {num1 + num2}")
elif operacao == '-':
    print(f"Resultado: {num1 - num2}")
elif operacao == '*':
    print(f"Resultado: {num1 * num2}")
elif operacao == '/':
    if num2 != 0:
        print(f"Resultado: {num1 / num2}")
    else:
        print("Divisão por zero não é permitida.")
```

Exercício 68
```python
frase = input("Digite uma frase: ")
print(f"A frase tem {len(frase.split())} palavras.")
```

Exercício 69
```python
sequencia = input("Digite uma sequência de números separados por vírgula: ")
lista = list(map(int, sequencia.split(',')))
print(f"A média dos números é {sum(lista) / len(lista)}")
```

Exercício 70
```python
classificacoes = []
for _ in range(5):
    classificacao = int(input("Classifique o produto de 1 a 5: "))
    classificacoes.append(classificacao)
print(f"A média das classificações é {sum(classificacoes) / len(classificacoes)}")
```

Exercício 71
```python
numero = input("Digite um número: ")
if numero == numero[::-1]:
    print("O número é um palíndromo.")
else:
    print("O número não é um palíndromo.")
```

Exercício 72
```python
import random
numero_secreto = random.randint(1, 100)
while True:
    palpite = int(input("Tente adivinhar o número secreto entre 1 e 100: "))
    if palpite == numero_secreto:
        print("Parabéns! Você acertou!")
        break
    else:
        print("Tente novamente.")
```

Exercício 73
```python
frase = input("Digite uma frase: ")
vogais = 'aeiouAEIOU'
num_vogais = sum(1 for c in frase if c in vogais)
num_consoantes = sum(1 for c in frase if c.isalpha() and c not in vogais)
print(f"Vogais: {num_vogais}, Consoantes: {num_consoantes}")
```

Exercício 74
```python
# Declare a variável
nome = "João"
# Imprima a mensagem
print(f"Olá, {nome}!")
```

Exercício 75

```python
# Declare as variáveis
fruta1 = "maçã"
fruta2 = "banana"
# Concatene e imprima
print(f"Gosto de {fruta1} e {fruta2}.")
```

Exercício 76

```python
# Solicite a palavra ao usuário
palavra = input("Digite uma palavra: ")
# Imprima de trás para frente
print(palavra[::-1])
```

Exercício 77

```python
# Declare a variável
palavra = "Python"
# Conte as letras
quantidade = len(palavra)
# Imprima a mensagem
print(f"A palavra {palavra} tem {quantidade} letras.")
```

Exercício 78

```python
# Solicite o nome e sobrenome ao usuário
nome = input("Digite seu nome: ")
sobrenome = input("Digite seu sobrenome: ")
# Imprima a saudação completa
print(f"Olá, {nome} {sobrenome}!")
```

Exercício 79

```python
# Defina a função
def saudacao(nome, idade):
    return f"Meu nome é {nome} e tenho {idade} anos."
# Como chamar a função
print(saudacao("João", 30))
```

Exercício 80

```python
# Solicite o nome completo ao usuário
nome_completo = input("Digite seu nome completo: ")
# Imprima as iniciais
iniciais = [palavra[0] for palavra in nome_completo.split()]
print("".join(iniciais))
```

Exercício 81

```python
# Defina a função
def concatena_nomes(nomes):
    return ", ".join(nomes)
# Como chamar a função
print(concatena_nomes(["Ana", "Bruno", "Carlos"]))
```

Exercício 82

```python
# Solicite a frase ao usuário
frase = input("Digite uma frase: ")
# Substitua 'bom' por 'ótimo'
frase_modificada = frase.replace("bom", "ótimo")
# Imprima a frase modificada
print(frase_modificada)
```

Exercício 83

```python
# Defina a função
def eh_palindromo(palavra):
    return palavra == palavra[::-1]
# Como chamar a função
print(eh_palindromo("radar"))  # Deve retornar True
```

Exercício 84

```python
# Solicite o nome completo ao usuário
nome_completo = input("Digite seu nome completo: ")
# Converta para maiúsculas
print(nome_completo.upper())
```

Exercício 85

```python
# Defina a função
def palavra_mais_longa(palavras):
    return max(palavras, key=len)
# Como chamar a função
print(palavra_mais_longa(["gato", "elefante", "rato"]))  # Deve retornar "elefante"
```

Exercício 86

```python
# Solicite a frase ao usuário
frase = input("Digite uma frase: ")
# Imprima as palavras em ordem reversa
print(' '.join(reversed(frase.split())))
```

Exercício 87

```python
# Defina a função
def eh_anagrama(str1, str2):
    return sorted(str1) == sorted(str2)
# Como chamar a função
print(eh_anagrama("amor", "roma"))  # Deve retornar True
```

Exercício 88

```python
# Solicite a frase ao usuário
frase = input("Digite uma frase: ")
# Solicite a palavra a ser contada
palavra = input("Digite a palavra para contar: ")
# Conte a ocorrência da palavra
contagem = frase.lower().split().count(palavra.lower())
# Imprima a contagem
print(f"A palavra '{palavra}' aparece {contagem} vezes na frase.")
```

Exercício 89

```python
 # Crie uma lista de cores
cores = ['vermelho', 'azul', 'verde']
# Imprima cada cor em uma linha
for cor in cores:
    print(cor)
```

Exercício 90

```python
# Declare uma lista de números
numeros = [1, 2, 3, 4, 5]
# Imprima o terceiro número
print(numeros[2])
```

Exercício 91

```python
# Solicite três números ao usuário
num1 = int(input("Digite o primeiro número: "))
```

```python
num2 = int(input("Digite o segundo número: "))
num3 = int(input("Digite o terceiro número: "))
# Armazene em uma lista
lista = [num1, num2, num3]
# Imprima a lista
print(lista)
```

Exercício 92
```python
# Crie uma lista de frutas
frutas = ['maçã', 'banana']
# Adicione uma fruta
frutas.append('laranja')
# Imprima a lista atualizada
print(frutas)
```

Exercício 93
```python
# Solicite uma lista de nomes ao usuário
nomes = input("Digite uma lista de nomes separados por vírgula: ").split(",")
# Imprima a quantidade de nomes
print(len(nomes))
```

Exercício 94
```python
# Defina a função
def soma_lista(lista):
    return sum(lista)
# Como chamar a função
print(soma_lista([1, 2, 3, 4]))  # Deve retornar 10
```

Exercício 95 & 96
```python
# Solicite uma lista de números
entrada = input("Digite uma lista de números separados por vírgula: ")
# Converta a string em uma lista de números
lista = list(map(int, entrada.split(',')))
# Imprima a lista
print(lista)
```

Exercício 97
```python
# Use compreensão de lista para criar a lista de números pares
pares = [x for x in range(2, 21, 2)]
print(pares)
```

Exercício 98
```python
# Solicite uma lista de palavras
palavras = input("Digite uma lista de palavras separadas por vírgula: ").split(",")
# Ordene a lista
palavras.sort()
# Imprima a lista ordenada
print(palavras)
```

Exercício 99
```python
# Defina a função
def maior_string(strings):
    return max(strings, key=len)
# Como chamar a função
print(maior_string(['gato', 'elefante', 'rato']))  # Deve retornar "elefante"
```

Exercício 100
```python
# Verifique se a lista está vazia
lista = []
```

```python
if not lista:
    print("A lista está vazia.")
else:
    print("A lista não está vazia.")
```

Exercício 101
```python
# Defina a função
def media_pares(numeros):
    pares = [num for num in numeros if num % 2 == 0]
    return sum(pares) / len(pares)
# Como chamar a função
print(media_pares([1, 2, 3, 4]))  # Deve retornar 3.0
```

Exercício 102
```python
# Solicite uma lista de números
entrada = input("Digite uma lista de números separados por vírgula: ")
# Converta para lista de inteiros
numeros = list(map(int, entrada.split(',')))
# Crie uma nova lista apenas com números pares
pares = [num for num in numeros if num % 2 == 0]
print(pares)
```

Exercício 103
```python
# Defina a função
def inverter_lista(lista):
    return lista[::-1]
# Como chamar a função
print(inverter_lista([1, 2, 3, 4]))  # Deve retornar [4, 3, 2, 1]
```

Exercício 104
```python
# Solicite uma lista de números
entrada = input("Digite uma lista de números separados por vírgula: ")
# Converta para lista de inteiros
numeros = list(map(int, entrada.split(',')))
# Verifique se a lista está em ordem crescente
if numeros == sorted(numeros):
    print("A lista está em ordem crescente.")
else:
    print("A lista não está em ordem crescente.")
```

Exercício 105
```python
# Declare sua idade em anos
idade_anos = 25
# Calcule quantos meses você viveu, assumindo 30 dias por mês
meses_vividos = idade_anos * 12
# Imprima o resultado
print(f"Você viveu {meses_vividos} meses até agora.")
```

Exercício 106
```python
# Declare a constante π com até 5 casas decimais
pi = 3.14159
# Imprima o valor de π
print(f"O valor de π com 5 casas decimais é {pi}.")
```

Exercício 107
```python
# Declare três notas
nota1 = 85.5
nota2 = 90.0
nota3 = 78.5
```

```python
# Calcule a média
media = (nota1 + nota2 + nota3) / 3
# Arredonde a média para duas casas decimais
media_arredondada = round(media, 2)
# Imprima a média arredondada
print(f"A média das notas é {media_arredondada}.")
```

Exercício 108
```python
# Declare uma temperatura em Celsius
temperatura_celsius = 25
# Converta para Fahrenheit
temperatura_fahrenheit = (temperatura_celsius * 9/5) + 32
# Imprima a temperatura em Fahrenheit
print(f"{temperatura_celsius} graus Celsius é igual a {temperatura_fahrenheit} graus Fahrenheit.")
```

Exercício 109
```python
# Declare um valor decimal
valor_decimal = 10.75
# Arredonde para o inteiro mais próximo
valor_arredondado = round(valor_decimal)
# Imprima o valor arredondado
print(f"O valor arredondado é {valor_arredondado}.")
```

Exercício 110
```python
# Dada uma string
texto = "banana"
# Conte quantas vezes a letra 'a' aparece
contagem_a = texto.count('a')
# Imprima o resultado
print(f"A letra 'a' aparece {contagem_a} vezes.")
```

Exercício 111
```python
# Dada uma string
texto = "exemplo"
# Substitua todas as ocorrências de 'e' por '3'
texto_modificado = texto.replace('e', '3')
# Imprima o resultado
print(f"Texto modificado: {texto_modificado}")
```

Exercício 112
```python
# Função para verificar se uma string é um palíndromo
def e_palindromo(s):
    return s == s[::-1]
# String para teste
texto = "arara"
# Chamar a função e imprimir o resultado
resultado = e_palindromo(texto)
print(f"A string é um palíndromo? {resultado}")
```

Exercício 113
```python
# Receba uma frase
frase = input("Digite uma frase: ")
# Inverta a frase
frase_invertida = frase[::-1]
# Imprima a frase invertida
print(f"Frase invertida: {frase_invertida}")
```

Exercício 114

```python
# Dada uma string com espaços em branco
texto = "exemplo com espacos"
# Remova todos os espaços em branco
texto_sem_espacos = texto.replace(" ", "")
# Imprima o resultado
print(f"Texto sem espaços: {texto_sem_espacos}")
```

Exercício 115
```python
# Verifique se um número é par ou ímpar
numero = 4
# Use uma expressão booleana para verificar se é par
e_par = numero % 2 == 0
# Imprima o resultado
print(f"O número é par? {e_par}")
```

Exercício 116
```python
# Pergunte ao usuário se ele tem carteira de motorista
possui_carteira = input("Você possui carteira de motorista? (s/n)") == 's'
# Pergunte ao usuário sua idade
idade = int(input("Qual a sua idade? "))
# Verifique se o usuário pode dirigir
pode_dirigir = possui_carteira and idade >= 18
# Imprima o resultado
print(f"Pode dirigir? {pode_dirigir}")
```

Exercício 117
```python
# Dada uma lista
lista = []
# Use uma expressão booleana para verificar se está vazia
esta_vazia = not bool(lista)
# Imprima o resultado
print(f"A lista está vazia? {esta_vazia}")
```

Exercício 118
```python
# Função para verificar se um ano é bissexto
def e_bissexto(ano):
    return (ano % 4 == 0 and ano % 100 != 0) or (ano % 400 == 0)
# Ano para teste
ano_teste = 2000
# Chame a função e imprima o resultado
resultado = e_bissexto(ano_teste)
print(f"O ano {ano_teste} é bissexto? {resultado}")
```

Exercício 119
```python
# Dada uma lista de números
numeros = [1, 9, 2, 3, 7]
# Encontre e imprima o maior valor
maior_valor = max(numeros)
print(f"O maior valor é {maior_valor}")
```

Exercício 120
```python
# Dada uma lista com elementos duplicados
lista_duplicada = [1, 2, 2, 3, 4, 3]
# Remova todos os elementos duplicados
lista_unicos = list(set(lista_duplicada))
print(f"Lista sem elementos duplicados: {lista_unicos}")
```

Exercício 121
```python
# Dada uma lista de elementos
```

```python
lista = [1, 2, 3, 4, 5]
# Inverta a ordem dos elementos
lista_invertida = lista[::-1]
print(f"Lista invertida: {lista_invertida}")
```

Exercício 122
```python
# Crie uma lista de números pares de 1 a 20 usando compreensão de lista
lista_pares = [x for x in range(1, 21) if x % 2 == 0]
print(f"Lista de números pares de 1 a 20: {lista_pares}")
```

Exercício 123
```python
# Dada uma lista de números
lista_numeros = [1, 2, 3, 4, 5]
# Verifique se todos os elementos são positivos
todos_positivos = all(x > 0 for x in lista_numeros)
print(f"Todos os elementos são positivos? {todos_positivos}")
```

Exercício 124
```python
# Crie uma tupla com nomes de frutas
frutas = ("maçã", "banana", "manga")
# Tente modificar o valor de um elemento
try:
    frutas[0] = "laranja"
except TypeError as e:
    print(f"Erro: {e}. Tuplas são imutáveis!")
```

Exercício 125
```python
import math
# Crie uma lista de tuplas representando pares de coordenadas (x, y)
coordenadas = [(1, 2), (3, 4), (5, 6)]
# Função para calcular a distância euclidiana entre dois pontos
def calcular_distancia(p1, p2):
    return math.sqrt((p2[0] - p1[0])**2 + (p2[1] - p1[1])**2)
# Chame a função para calcular a distância entre os pontos
for i in range(len(coordenadas) - 1):
    distancia = calcular_distancia(coordenadas[i], coordenadas[i + 1])
    print(f"Distância entre {coordenadas[i]} e {coordenadas[i + 1]}: {distancia}")
```

Exercício 126
```python
# Função que recebe uma lista de tuplas contendo nome e idade
def maiores_de_idade(pessoas):
    return [nome for nome, idade in pessoas if idade >= 18]
# Lista de tuplas contendo nome e idade
pessoas = [("Alice", 25), ("Bob", 17), ("Cindy", 19)]
# Chame a função
resultado = maiores_de_idade(pessoas)
print(f"Pessoas maiores de idade: {resultado}")
```

Exercício 127
```python
# Crie duas tuplas
tupla1 = (1, 2, 3)
tupla2 = (3, 4, 5)
# Função que retorna uma nova tupla com elementos presentes em ambas as tuplas
def elementos_comuns(t1, t2):
    return tuple(set(t1).intersection(set(t2)))
# Chame a função
resultado = elementos_comuns(tupla1, tupla2)
print(f"Elementos comuns nas duas tuplas: {resultado}")
```

Exercício 128
```python
def safe_divide(a, b):
    try:
        return a / b
    except ZeroDivisionError:
        return "Não é possível dividir por zero."

# Chamar a função
print(safe_divide(10, 2))
print(safe_divide(10, 0))
```

Exercício 129
```python
try:
    number = int(input("Insira um número: "))
    print(f"Você inseriu o número {number}.")
except ValueError:
    print("Isso não é um número inteiro.")
```

Exercício 130
```python
try:
    with open("file.txt", "r") as f:
        print(f.read())
except FileNotFoundError:
    print("Arquivo não encontrado.")
```

Exercício 131
```python
def read_from_list(lst, index):
    try:
        return lst[index]
    except IndexError:
        return "Índice fora do alcance da lista."

# Chamar a função
my_list = [1, 2, 3]
print(read_from_list(my_list, 2))
print(read_from_list(my_list, 4))
```

Exercício 132
```python
import math
def sqrt_checker(n):
    try:
        if n < 0:
            raise ValueError("Número negativo.")
        return math.sqrt(n)
    except ValueError as ve:
        return ve
# Chamar a função
print(sqrt_checker(9))
print(sqrt_checker(-1))
```

Exercício 133
```python
try:
    age = int(input("Insira sua idade: "))
    if age < 0:
        raise ValueError("Idade não pode ser negativa.")
    print(f"Sua idade é {age}.")
except ValueError as ve:
    print(ve)
```

Exercício 134

```python
def get_value_from_dict(d, key):
    try:
        return d[key]
    except KeyError:
        return "Chave não encontrada no dicionário."
# Chamar a função
my_dict = {"nome": "João", "idade": 30}
print(get_value_from_dict(my_dict, "nome"))
print(get_value_from_dict(my_dict, "email"))
```

Exercício 135

```python
import requests
try:
    response = requests.get('https://www.example.com/')
    print(response.text)
except requests.exceptions.RequestException as e:
    print(e)
```

Exercício 136

```python
import math
def calculate_log(n):
    try:
        if n <= 0:
            raise ValueError("Número deve ser maior que zero.")
        return math.log(n)
    except ValueError as ve:
        return ve
# Chamar a função
print(calculate_log(10))
print(calculate_log(-10))
```

Exercício 137

```python
try:
    day, month, year = map(int, input("Insira uma data no formato dd/mm/yyyy: ").split("/"))
    if day < 1 or day > 31 or month < 1 or month > 12:
        raise ValueError("Data inválida.")
    print(f"A data inserida é {day}/{month}/{year}.")
except ValueError as ve:
    print(ve)
```

Exercício 138

```python
def reverse_list(lst):
    return lst[::-1]
# Como chamar a função
print(reverse_list([1, 2, 3, 4]))
```

Exercício 139

```python
# Usando extend()
lst1 = [1, 2, 3]
lst2 = [4, 5, 6]
lst1.extend(lst2)
print(lst1)
```

Exercício 140

```python
def list_to_tuple(lst):
    return tuple(lst)
# Como chamar a função
print(list_to_tuple([1, 2, 3]))
```

Exercício 141
```python
# Desempacotando em variáveis
a, b, c = (1, 2, 3)
print(a, b, c)
```

Exercício 142
```python
from collections import Counter
def most_common(lst):
    return Counter(lst).most_common(1)[0][0]
# Como chamar a função
print(most_common([1, 1, 2, 2, 2, 3]))
```

Exercício 143
```python
def find_indices(lst, element):
    return [i for i, x in enumerate(lst) if x == element]
# Como chamar a função
print(find_indices([1, 2, 3, 4, 3], 3))
```

Exercício 144
```python
def lists_to_tuples(lst1, lst2):
    return list(zip(lst1, lst2))
# Como chamar a função
print(lists_to_tuples([1, 2], ['a', 'b']))
```

Exercício 145
```python
def reverse_tuple(tup):
    return tup[::-1]
# Como chamar a função
print(reverse_tuple((1, 2, 3)))
```

Exercício 146
```python
def is_empty(lst):
    return len(lst) == 0
# Como chamar a função
print(is_empty([]))
```

Exercício 147
```python
# Usando slicing
lst = [1, 2, 3, 4]
sliced_lst = lst[1:3]
print(sliced_lst)
```

Exercício 148
```python
def sort_tuple_list(tuples):
    return sorted(tuples, key=lambda x: x[1])
# Como chamar a função
print(sort_tuple_list([(1, 'one'), (4, 'four'), (3, 'three')]))
```

Exercício 149
```python
def list_to_sentence(lst):
    return " ".join(lst)
# Como chamar a função
print(list_to_sentence(['hello', 'world']))
```

Exercício 150
```python
def sum_elements(lst):
    return sum(lst)
# Como chamar a função
```

```python
print(sum_elements([1, 2, 3]))
```

Exercício 151
```python
def intersect_lists(lst1, lst2):
    return list(set(lst1) & set(lst2))
# Como chamar a função
print(intersect_lists([1, 2, 3], [3, 4, 5]))
```

Exercício 152
```python
def count_element_in_tuple(tup, element):
    return tup.count(element)
# Como chamar a função
print(count_element_in_tuple((1, 2, 2, 3), 2))
```

Exercício 153
```python
# Copiando usando slicing
copy_lst = lst[:]
print(copy_lst)
```

Exercício 154
```python
def tuple_to_string(tup):
    return ''.join(map(str, tup))
# Como chamar a função
print(tuple_to_string(('h', 'e', 'l', 'l', 'o')))
```

Exercício 155
```python
def remove_duplicates(lst):
    return list(set(lst))
# Como chamar a função
print(remove_duplicates([1, 2, 2, 3, 4, 3]))
```

Exercício 156
```python
def flatten_list(nested_lst):
    return [elem for sublist in nested_lst for elem in sublist]
# Como chamar a função
print(flatten_list([[1, 2], [3, 4], [5, 6]]))
```

Exercício 157
```python
def nest_tuples(tup1, tup2):
    return (tup1, tup2)
# Como chamar a função
print(nest_tuples((1, 2), (3, 4)))
```

Exercício 158
```python
# Criando um dicionário vazio
empty_dict = {}
print(empty_dict)
```

Exercício 159
```python
# Criando dicionário e adicionando elementos
my_dict = {}
my_dict['name'] = 'John'
my_dict['age'] = 30
my_dict['email'] = 'john@email.com'
print(my_dict)
```

Exercício 160
```python
# Deletando um elemento do dicionário
del my_dict['age']
```

```python
print(my_dict)
```

Exercício 161
```python
# Transformando chaves em lista
keys_list = list({'a': 1, 'b': 2}.keys())
print(keys_list)
```

Exercício 162
```python
# Transformando valores em lista
values_list = list({'a': 1, 'b': 2}.values())
print(values_list)
```

Exercício 163
```python
# Concatenando dois dicionários
dict1 = {'a': 1}
dict2 = {'b': 2}
merged_dict = {**dict1, **dict2}
print(merged_dict)
```

Exercício 164
```python
# Checando a existência de uma chave
key_exist = 'a' in merged_dict
print(key_exist)
```

Exercício 165
```python
# Iterando pelas chaves do dicionário
for key in merged_dict:
    print(key)
```

Exercício 166
```python
# Iterando pelos valores do dicionário
for value in merged_dict.values():
    print(value)
```

Exercício 167
```python
# Iterando pelos pares chave-valor
for key, value in merged_dict.items():
    print(key, value)
```

Exercício 168
```python
# Fazendo uma cópia do dicionário
dict_copy = merged_dict.copy()
print(dict_copy == merged_dict)  # Verificando igualdade
print(dict_copy is merged_dict)  # Verificando se são o mesmo objeto
```

Exercício 169
```python
# Criando dicionário aninhado
nested_dict = {
    'dict1': dict1,
    'dict2': dict2,
    'merged_dict': merged_dict
}
print(nested_dict)
```

Exercício 170
```python
# Acessando valor aninhado
print(nested_dict['dict1']['a'])
```

Exercício 171

```python
from collections import Counter
# Criando um dicionário de frequências
freq_dict = Counter([1, 1, 2, 3, 4, 4, 4])
print(freq_dict)
```

Exercício 172
```python
# Filtrando elementos do dicionário
filtered_dict = {k: v for k, v in freq_dict.items() if v > 2}
print(filtered_dict)
```

Exercício 173
```python
# Invertendo chaves e valores
inverted_dict = {v: k for k, v in merged_dict.items()}
print(inverted_dict)
```

Exercício 174
```python
# Transformando dicionário em duas listas
keys = list(merged_dict.keys())
values = list(merged_dict.values())
print(keys, values)
```

Exercício 175
```python
# Criando dicionário a partir de duas listas
new_dict = dict(zip(keys, values))
print(new_dict)
```

Exercício 176
```python
# Atualizando o dicionário
new_dict.update({'new_key': 'new_value'})
print(new_dict)
```

Exercício 177
```python
# Somando valores de um dicionário
total_sum = sum(new_dict.values())
print(total_sum)
```

Exercício 178
```python
# Criando um conjunto vazio
my_set = set()
# Adicionando elementos
my_set.add(1)
my_set.add(2)
my_set.add(3)
print(my_set)
```

Exercício 179
```python
# Removendo o elemento 3 do conjunto
my_set.remove(3)
print(my_set)
```

Exercício 180
```python
# Somando elementos do conjunto
sum_elements = sum({1, 2, 3, 4, 5})
print(sum_elements)
```

Exercício 181
```python
# Encontrando o tamanho do conjunto
length = len({1, 2, 3, 4, 5})
print(length)
```

Exercício 182
# Verificando a presença do elemento 3
exists = 3 in {1, 2, 3, 4, 5}
print(exists)

Exercício 183
# Convertendo o conjunto para lista
converted_list = list({1, 2, 3, 4, 5})
print(converted_list)

Exercício 184
# Removendo duplicatas - em conjuntos, as duplicatas já são removidas automaticamente
unique_set = {1, 1, 2, 2, 3, 3, 4, 4, 5, 5}
print(unique_set)

Exercício 185
# Encontrando a união de dois conjuntos
union_set = {1, 2, 3}.union({3, 4, 5})
print(union_set)

Exercício 186
# Encontrando a intersecção de dois conjuntos
intersection_set = {1, 2, 3}.intersection({3, 4, 5})
print(intersection_set)

Exercício 187
# Encontrando a diferença de dois conjuntos
difference_set = {1, 2, 3}.difference({3, 4, 5})
print(difference_set)

Exercício 188
# Criando conjunto com diferentes tipos de elementos
mixed_set = {1, "hello", True}
print(mixed_set)

Exercício 189
# Quadrado de cada elemento do conjunto
squared_set = {x*x for x in {1, 2, 3, 4, 5}}
print(squared_set)

Exercício 190
# Limpando todos os elementos do conjunto
my_set.clear()
print(my_set)

Exercício 191
# Verificando se dois conjuntos são disjuntos
is_disjoint = {1, 2, 3}.isdisjoint({4, 5, 6})
print(is_disjoint)

Exercício 192
# Atualizando o conjunto com a intersecção de outro
set1 = {1, 2, 3}
set1.intersection_update({2, 3, 4})
print(set1)

Exercício 193
Copiando o conjunto

```python
copy_set = set1.copy()
print(copy_set)
```

Exercício 194
```python
# Verificando se é um subconjunto
is_subset = {1, 2, 3}.issubset({3, 4, 5})
print(is_subset)
```

Exercício 195
```python
# Verificando se todos os caracteres de uma string estão em um conjunto
all_in_set = all(char in {'a', 'b', 'c'} for char in 'abc')
print(all_in_set)
```

Exercício 196
```python
# Encontrando o mínimo e o máximo em um conjunto
min_set = min({1, 2, 3, 4, 5})
max_set = max({1, 2, 3, 4, 5})
print(min_set, max_set)
```

Exercício 197
```python
# Removendo um elemento aleatório do conjunto
set_for_pop = {1, 2, 3, 4, 5}
set_for_pop.pop()
print(set_for_pop)
```

Exercício 198
```python
# Quadrados dos números pares de 0 a 10
squares_even = [x**2 for x in range(11) if x % 2 == 0]
print(squares_even)
```

Exercício 199
```python
# Invertendo cada palavra da lista
words = ['hello', 'world']
reversed_words = [word[::-1] for word in words]
print(reversed_words)
```

Exercício 200
```python
# Primeira letra de cada palavra
first_letters = [word[0] for word in words]
print(first_letters)
```

Exercício 201
```python
# Convertendo números para seus valores negativos
numbers = [1, 2, 3]
negatives = [-x for x in numbers]
print(negatives)
```

Exercício 202
```python
# Números de 1 a 50 que são divisíveis por X (supondo X=5)
divisible_by_x = [x for x in range(1, 51) if x % 5 == 0]
print(divisible_by_x)
```

Exercício 203
```python
# Filtrando palavras que não começam com 'a'
filtered_words = [word for word in words if not word.startswith('a')]
print(filtered_words)
```

Exercício 204
```python
# Números ímpares e seus quadrados
```

```python
odd_squares = [(x, x**2) for x in range(1, 11) if x % 2 != 0]
print(odd_squares)
```

Exercício 205
```python
# Elementos de índices pares
even_indices = [x for i, x in enumerate(numbers) if i % 2 == 0]
print(even_indices)
```

Exercício 206
```python
# Caracteres únicos de uma string
unique_chars = [char for char in set("hello")]
print(unique_chars)
```

Exercício 207
```python
# Valor absoluto de cada número
absolute_values = [abs(x) for x in [-1, -2, 3]]
print(absolute_values)
```
Exercício 208: Produto Entre Elementos de A e B

```python
# Produto de cada elemento de A com cada elemento de B
A = [1, 2]
B = [3, 4]
product = [a * b for a in A for b in B]
print(product)
```

Exercício 209
```python
# Palavras com mais de X caracteres (supondo X=4)
long_words = [word for word in words if len(word) > 4]
print(long_words)
```

Exercício 210
```python
# Convertendo uma lista de strings numéricas para inteiros
str_nums = ['1', '2']
int_nums = [int(x) for x in str_nums]
print(int_nums)
```

Exercício 211
```python
# Números ao quadrado entre X e Y (supondo X=1, Y=5)
squares_range = [x**2 for x in range(1, 6)]
print(squares_range)
```

Exercício 212
```python
# Contando vogais em cada palavra
count_vowels = [sum(1 for char in word if char in 'aeiou') for word in words]
print(count_vowels)
```

Exercício 213
```python
# Aplanando uma lista de listas
nested_lists = [[1, 2], [3, 4]]
flattened = [x for sublist in nested_lists for x in sublist]
print(flattened)
```

Exercício 214
```python
# Primeiras N potências de 2 (supondo N=5)
powers_of_two = [2**x for x in range(5)]
print(powers_of_two)
```

Exercício 215
```python
# Filtrando elementos de tipo int
```

```python
filtered_type = [x for x in [1, 'a', True] if isinstance(x, int)]
print(filtered_type)
```

Exercício 216
```python
# Separando números pares e ímpares
even_nums = [x for x in numbers if x % 2 == 0]
odd_nums = [x for x in numbers if x % 2 != 0]
print(even_nums, odd_nums)
```

Exercício 217
```python
# Encontrando palavras palíndromas
palindromes = [word for word in words if word == word[::-1]]
print(palindromes)
```

Exercício 218
```python
# Abra um arquivo texto e leia somente as linhas pares.
with open('file.txt', 'r') as f:
    for i, line in enumerate(f):
        if i % 2 == 1:  # Índices começam de 0, então linhas pares têm índices ímpares
            print(line.strip())
```

Exercício 219
```python
# Função para concatenar dois arquivos
def concatenate_files(file1, file2, output_file):
    with open(file1, 'r') as f1, open(file2, 'r') as f2, open(output_file, 'w') as f_out:
        f_out.write(f1.read() + "\n" + f2.read())
# Chamando a função
concatenate_files('file1.txt', 'file2.txt', 'output.txt')
```

Exercício 220
```python
word_to_count = "python"
count = 0
with open('file.txt', 'r') as f:
    for line in f:
        count += line.lower().split().count(word_to_count)
print(f'Ocorrências da palavra "{word_to_count}": {count}')
```

Exercício 221
```python
# Substituindo todas as ocorrências de uma palavra por outra
def replace_words(input_file, output_file, old_word, new_word):
    with open(input_file, 'r') as f_in, open(output_file, 'w') as f_out:
        for line in f_in:
            f_out.write(line.replace(old_word, new_word))

# Chamando a função
replace_words('input.txt', 'output.txt', 'old_word', 'new_word')
```

Exercício 222
```python
chars, words, lines = 0, 0, 0
with open('file.txt', 'r') as f:
    for line in f:
        lines += 1
        words += len(line.split())
        chars += len(line)
print(f"Caracteres: {chars}, Palavras: {words}, Linhas: {lines}")
```

Exercício 223
```python
# Copiando um arquivo de imagem
with open('image.jpg', 'rb') as f_in, open('image_copy.jpg', 'wb') as f_out:
```

```python
        f_out.write(f_in.read())
```

Exercício 224
```python
# Invertendo conteúdo
with open('file.txt', 'r') as f:
    lines = f.readlines()
with open('reversed_file.txt', 'w') as f:
    for line in reversed(lines):
        f.write(' '.join(reversed(line.split())) + '\n')
```

Exercício 225
```python
# Removendo comentários
with open('script.py', 'r') as f_in, open('no_comments.py', 'w') as f_out:
    for line in f_in:
        if not line.strip().startswith('#'):
            f_out.write(line)
```

Exercício 226
```python
import json
import csv
# Lendo JSON e salvando em CSV
with open('data.json', 'r') as f_json, open('data.csv', 'w', newline='') as f_csv:
    data = json.load(f_json)
    csv_writer = csv.DictWriter(f_csv, fieldnames=data[0].keys())
    csv_writer.writeheader()
    csv_writer.writerows(data)
```

Exercício 227
```python
# Tente abrir um arquivo, capture a exceção se ele não existir
try:
    with open('nonexistent_file.txt', 'r') as f:
        print(f.read())
except FileNotFoundError:
    print("O arquivo não foi encontrado.")
```

Exercício 228
```python
# Crie uma classe chamada Person
class Person:
    # Inicialize os atributos name e age
    def __init__(self, name, age):
        self.name = name
        self.age = age
# Instancie um objeto da classe Person
person1 = Person("Alice", 30)
```

Exercício 229
```python
# Instancie três objetos da classe Person
person1 = Person("Alice", 30)
person2 = Person("Bob", 40)
person3 = Person("Charlie", 50)
```

Exercício 230
```python
# Adicione um atributo gender à classe Person
class Person:
    def __init__(self, name, age, gender):
        self.name = name
        self.age = age
        self.gender = gender
# Instancie um objeto com o novo atributo
```

```python
person1 = Person("Alice", 30, "Female")
```

Exercício 231
```python
# Crie uma classe chamada Car
class Car:
    # Inicialize os atributos make e model
    def __init__(self, make, model):
        self.make = make
        self.model = model
# Instancie um objeto da classe Car
my_car = Car("Toyota", "Camry")
```

Exercício 232
```python
# Crie uma classe chamada Book
class Book:
    # Inicialize o atributo title
    def __init__(self, title):
        self.title = title
# Instancie três objetos da classe Book
book1 = Book("1984")
book2 = Book("To Kill a Mockingbird")
book3 = Book("The Great Gatsby")
```

Exercício 233
```python
# Adicione um método __init__ à classe Person para inicializar os atributos name e age
class Person:
    def __init__(self, name, age):
        self.name = name
        self.age = age

# Instancie um objeto da classe Person
p = Person("Alice", 30)
```

Exercício 234
```python
# Crie uma classe Student que herda de Person e tem um novo atributo grade
class Student(Person):
    def __init__(self, name, age, grade):
        super().__init__(name, age)
        self.grade = grade

# Instancie um objeto da classe Student
s = Student("Bob", 20, "A")
```

Exercício 235
```python
# Crie uma classe Employee e utilize o método __str__ para retornar uma representação textual
class Employee:
    def __init__(self, name, position):
        self.name = name
        self.position = position
    def __str__(self):
        return f"Employee {self.name}, Position: {self.position}"
# Instancie um objeto da classe Employee e imprima
e = Employee("Charlie", "Developer")
print(e)
```

Exercício 236
```python
# Crie uma classe Singleton usando o método __new__
class Singleton:
    _instance = None
```

```python
    def __new__(cls):
        if cls._instance is None:
            cls._instance = super(Singleton, cls).__new__(cls)
        return cls._instance
# Instancie dois objetos e verifique se são a mesma instância
s1 = Singleton()
s2 = Singleton()
print(s1 is s2)  # Deverá retornar True
```

Exercício 237
```python
# Utilize o método __del__ em uma classe DatabaseConnection
class DatabaseConnection:
    def __init__(self):
        self.connection = "Connected to DB"

    def __del__(self):
        self.connection = "Disconnected"
        print("Database connection is closed.")
# Instancie e delete o objeto para ver o método __del__ em ação
db = DatabaseConnection()
del db
```

Exercício 238
```python
# Adicione um método describe() à classe Person
class Person:
    def __init__(self, name, age):
        self.name = name
        self.age = age
    def describe(self):
        return f"Person's name is {self.name} and age is {self.age}"
# Instancie um objeto e chame o método describe
p = Person("Alice", 30)
print(p.describe())
```

Exercício 239
```python
import math
# Crie uma classe Circle
class Circle:
    def __init__(self, radius):
        self.radius = radius
    def area(self):
        return math.pi * self.radius ** 2
# Instancie um objeto e chame o método para calcular a área
c = Circle(5)
print(c.area())
```

Exercício 240
```python
# Adicione um método is_even() na classe Number
class Number:
    def __init__(self, value):
        self.value = value
    def is_even(self):
        return self.value % 2 == 0
# Instancie um objeto e chame o método is_even
n = Number(4)
print(n.is_even())
```

Exercício 241
```python
# Crie uma classe BankAccount com método para depositar dinheiro
```

```python
class BankAccount:
    def __init__(self, balance=0):
        self.balance = balance
    def deposit(self, amount):
        self.balance += amount
        return self.balance
# Instancie um objeto e chame o método deposit
account = BankAccount()
print(account.deposit(100))
```

Exercício 242
```python
# Adicione um método à classe BankAccount para sacar dinheiro
class BankAccount:
    def __init__(self, balance=0):
        self.balance = balance
    def deposit(self, amount):
        self.balance += amount
        return self.balance
    def withdraw(self, amount):
        if amount > self.balance:
            return "Insufficient funds"
        self.balance -= amount
        return self.balance
# Instancie um objeto, faça um depósito e depois um saque
account = BankAccount()
account.deposit(100)
print(account.withdraw(50))
```

Exercício 243
```python
# Implemente encapsulamento na classe BankAccount
class BankAccount:
    def __init__(self, balance=0):
        self.__balance = balance
    def deposit(self, amount):
        self.__balance += amount
        return self.__balance
    def withdraw(self, amount):
        if amount > self.__balance:
            return "Insufficient funds"
        self.__balance -= amount
        return self.__balance
# Instancie um objeto e use métodos para interagir com o atributo oculto
account = BankAccount()
print(account.deposit(100))  # Saída deve ser 100
```

Exercício 244
```python
# Classe PasswordManager que protege o atributo password
class PasswordManager:
    def __init__(self, password):
        self.__password = password
    def validate(self, entered_password):
        return self.__password == entered_password
# Instancie e valide a senha
pm = PasswordManager("secret")
print(pm.validate("wrong"))  # Deve retornar False
```

Exercício 245
```python
# Classe StudentRecord com métodos get e set
class StudentRecord:
```

```python
    def __init__(self, grade):
        self.__grade = grade
    def get_grade(self):
        return self.__grade
    def set_grade(self, new_grade):
        self.__grade = new_grade
# Instancie e utilize os métodos get e set
record = StudentRecord("A")
print(record.get_grade())  # Saída deve ser 'A'
record.set_grade("B")
print(record.get_grade())  # Saída deve ser 'B'
```

Exercício 246
```python
# Classe Inventory com encapsulamento
class Inventory:
    def __init__(self):
        self.__items = []
    def add_item(self, item):
        self.__items.append(item)
    def get_items(self):
        return self.__items
# Instancie e adicione itens
inv = Inventory()
inv.add_item("apple")
print(inv.get_items())  # Saída deve ser ['apple']
```

Exercício 247
```python
# Classe Temperature com métodos get e set
class Temperature:
    def __init__(self, celsius):
        self.__celsius = celsius
    def get_temperature(self):
        return self.__celsius
    def set_temperature(self, new_celsius):
        self.__celsius = new_celsius
# Instancie e utilize os métodos get e set
temp = Temperature(25)
print(temp.get_temperature())  # Saída deve ser 25
temp.set_temperature(30)
print(temp.get_temperature())  # Saída deve ser 30
```

Exercício 248
```python
# Classe base Vehicle
class Vehicle:
    def __init__(self, brand, model):
        self.brand = brand
        self.model = model
# Subclasse Car que herda de Vehicle
class Car(Vehicle):
    def honk(self):
        return "Beep beep!"
# Subclasse Bike que herda de Vehicle
class Bike(Vehicle):
    def ring_bell(self):
        return "Ring ring!"
# Instancie objetos para testar
car = Car("Toyota", "Camry")
print(car.honk()) # Deve retornar "Beep beep!"
bike = Bike("Giant", "Escape 3")
```

```python
print(bike.ring_bell())  # Deve retornar "Ring ring!"
```

Exercício 249
```python
import math
# Classe base Shape
class Shape:
    def area(self):
        pass
# Subclasse Rectangle que herda de Shape
class Rectangle(Shape):
    def __init__(self, length, width):
        self.length = length
        self.width = width
    def area(self):
        return self.length * self.width
# Subclasse Circle que herda de Shape
class Circle(Shape):
    def __init__(self, radius):
        self.radius = radius
    def area(self):
        return math.pi * (self.radius ** 2)
# Instancie e calcule as áreas
rectangle = Rectangle(5, 4)
print(rectangle.area())  # Deve retornar 20
circle = Circle(3)
print(circle.area())  # Deve retornar aprox. 28.2743
```

Exercício 250
```python
# Classe base Animal
class Animal:
    def sound(self):
        pass
# Subclasse Dog que herda de Animal
class Dog(Animal):
    def sound(self):
        return "Woof!"
# Subclasse Cat que herda de Animal
class Cat(Animal):
    def sound(self):
        return "Meow!"
# Instancie e teste o som
dog = Dog()
print(dog.sound())  # Deve retornar "Woof!"
cat = Cat()
print(cat.sound())  # Deve retornar "Meow!"
```

Exercício 251
```python
# Uso de super() para chamar um método da classe pai
class Parent:
    def greet(self):
        return "Hello"
class Child(Parent):
    def greet(self):
        return super().greet() + ", world!"
# Instancie e teste
child = Child()
print(child.greet())  # Deve retornar "Hello, world!"
```

Exercício 252

```python
# Implementação de herança múltipla
class Father:
    def height(self):
        return "Tall"
class Mother:
    def intelligence(self):
        return "Smart"
class Child(Father, Mother):
    pass
# Instancie e teste
child = Child()
print(child.height())  # Deve retornar "Tall"
print(child.intelligence())  # Deve retornar "Smart"
```

Exercício 253
```python
import os
# Lista todos os arquivos no diretório 'example_directory'
directory = 'example_directory'
for filename in os.listdir(directory):
    print(filename)
```

Exercício 254
```python
import os
# Criando um novo diretório chamado 'new_directory'
os.mkdir('new_directory')
# Excluindo o diretório 'new_directory'
os.rmdir('new_directory')
```

Exercício 255
```python
import os
# Renomeia o arquivo 'old_name.txt' para 'new_name.txt'
os.rename('old_name.txt', 'new_name.txt')
```

Exercício 256
```python
import os
# Imprime o caminho absoluto do diretório atual
print(os.getcwd())
```

Exercício 257
```python
import os
import shutil
# Diretório fonte e diretório destino
src_folder = 'source_directory'
dst_folder = 'destination_directory'
# Cria o diretório destino se ele não existir
if not os.path.exists(dst_folder):
    os.mkdir(dst_folder)
# Copia cada arquivo do diretório fonte para o diretório destino
for filename in os.listdir(src_folder):
    src_file_path = os.path.join(src_folder, filename)
    dst_file_path = os.path.join(dst_folder, filename)
    shutil.copy(src_file_path, dst_file_path)
```

Exercício 258
```python
import random
# Gera um número aleatório entre 1 e 100
random_number = random.randint(1, 100)
print("Número aleatório:", random_number)
```

Exercício 259
```python
import random
# Lista de itens
items = ['apple', 'banana', 'cherry', 'date']
# Seleciona um item aleatório da lista
random_item = random.choice(items)
print("Item aleatório:", random_item)
```

Exercício 260
```python
import random
# Gera uma lista de 5 números aleatórios entre 1 e 10
random_numbers = random.sample(range(1, 11), 5)
print("Números aleatórios:", random_numbers)
```

Exercício 261
```python
import random
# Lista original
original_list = [1, 2, 3, 4, 5]
# Embaralha a lista
random.shuffle(original_list)
print("Lista embaralhada:", original_list)
```

Exercício 262
```python
import random
import string
# Gera uma senha aleatória contendo letras maiúsculas, minúsculas e números
characters = string.ascii_letters + string.digits  # Letras e números
random_password = ''.join(random.choice(characters) for i in range(10))  # Tamanho da senha é 10
print("Senha aleatória:", random_password)
```

Exercício 263
```python
from datetime import datetime
# Obtém a data e hora atuais
current_datetime = datetime.now()
# Imprime a data e hora
print("Data e hora atuais:", current_datetime)
```

Exercício 264
```python
from datetime import datetime, timedelta
# Obtém a data atual
current_date = datetime.now().date()
# Adiciona 5 dias à data atual
new_date = current_date + timedelta(days=5)
# Imprime a nova data
print("Data após 5 dias:", new_date)
```

Exercício 265
```python
from datetime import datetime
# Obtém a data atual
current_date = datetime.now()
# Imprime apenas o mês atual
print("Mês atual:", current_date.month)
```

Exercício 266
```python
from datetime import datetime
# Lê a data no formato 'aaaa-mm-dd'
input_date = input("Insira uma data (aaaa-mm-dd): ")
```

```python
# Converte a data para um objeto datetime
date_object = datetime.strptime(input_date, '%Y-%m-%d')
# Obtém o dia da semana
day_of_week = date_object.strftime('%A')
# Imprime o dia da semana
print("Dia da semana:", day_of_week)
```

Exercício 267
```python
import time
# Define o tempo de espera em segundos
wait_time = int(input("Insira o tempo de espera em segundos: "))
# Espera n segundos
time.sleep(wait_time)
# Imprime uma mensagem após o tempo de espera
print(f"{wait_time} segundos se passaram.")
```

Exercício 268 - Criar um objeto JSON e salvar em um arquivo
```python
import json
# Cria um objeto JSON
json_object = {"nome": "João", "idade": 30, "cidade": "São Paulo"}
# Salva o objeto JSON em um arquivo
with open("data.json", "w") as json_file:
    json.dump(json_object, json_file)
# O arquivo "data.json" será criado com o conteúdo do objeto JSON
```

Exercício 269
```python
import json
# Lê um objeto JSON de um arquivo
with open("data.json", "r") as json_file:
    data = json.load(json_file)
# Imprime o objeto JSON
print(data)
```

Exercício 270 - Converter uma lista Python em uma string JSON
```python
import json
# Cria uma lista Python
my_list = [1, 2, 3, 4, 5]
# Converte a lista em uma string JSON
json_string = json.dumps(my_list)
# Imprime a string JSON
print("String JSON:", json_string)
```

Exercício 271
```python
import json
# Cria uma string JSON
json_string = '{"nome": "Maria", "idade": 25, "cidade": "Rio de Janeiro"}'
# Converte a string JSON em um dicionário Python
python_dict = json.loads(json_string)
# Imprime o dicionário Python
print("Dicionário Python:", python_dict)
```

Exercício 272
```python
import json
# Lê o objeto JSON de um arquivo
with open("data.json", "r") as json_file:
    data = json.load(json_file)
# Atualiza um valor no objeto JSON
data['idade'] = 40
# Salva as alterações no arquivo
```

```python
with open("data.json", "w") as json_file:
    json.dump(data, json_file)
# O arquivo "data.json" será atualizado com o novo valor de "idade"
```

Exercício 273
```python
import os
import random
# Listar todos os arquivos em um diretório
directory_path = './'  # Diretório atual
files = [f for f in os.listdir(directory_path) if os.path.isfile(os.path.join(directory_path, f))]
# Selecionar um arquivo aleatório
random_file = random.choice(files)
print(f"Arquivo selecionado aleatoriamente: {random_file}")
```

Exercício 274
```python
import datetime
import os
# Criar um nome de arquivo baseado na data e hora atuais
current_time = datetime.datetime.now()
filename = f"{current_time.strftime('%Y%m%d_%H%M%S')}.txt"
# Salvar o arquivo
with open(filename, 'w') as f:
    f.write('Olá, mundo!')
print(f"Arquivo {filename} criado.")
```

Exercício 275
```python
import json
import datetime
# Obter data e hora atuais
current_time = datetime.datetime.now().strftime('%Y-%m-%d %H:%M:%S')
# Criar um objeto JSON
json_object = {'current_time': current_time}
# Salvar o objeto em um arquivo JSON
with open('current_time.json', 'w') as f:
    json.dump(json_object, f)
print("Data e hora atuais salvas em current_time.json.")
```

Exercício 276
```python
import random
import datetime
# Gerar números aleatórios
lottery_numbers = random.sample(range(1, 61), 6)
# Obter a data do sorteio
draw_date = datetime.datetime.now().strftime('%Y-%m-%d')
# Criar o bilhete
ticket = {'numbers': lottery_numbers, 'draw_date': draw_date}
print(f"Bilhete de loteria: {ticket}")
```

Exercício 277
```python
import json
import random
# Inicializa os resultados
results = []
# Simula 5 rodadas do jogo
for _ in range(5):
    # Gera um número aleatório entre 1 e 10
    correct_number = random.randint(1, 10)
    # Simula um palpite do jogador
    guess = random.randint(1, 10)
```

```python
    # Verifica se o palpite está correto
    is_correct = (guess == correct_number)
    # Armazena o resultado
    results.append({'correct_number': correct_number, 'guess': guess, 'is_correct': is_correct})
# Salva os resultados em um arquivo JSON
with open('game_results.json', 'w') as f:
    json.dump(results, f)
print("Resultados do jogo salvos em game_results.json.")
```

Exercício 278 - Importar um DataFrame e calcular a média de uma coluna específica
```python
import pandas as pd
# Importar o DataFrame
df = pd.read_csv("seuarquivo.csv")
# Calcular a média da coluna 'idade'
media = df['idade'].mean()
print(f"Média de idade: {media}")
```

Exercício 279 - Adicionar uma nova coluna com dados gerados dinamicamente
```python
# Criar um DataFrame
df = pd.DataFrame({'nome': ['Alice', 'Bob'], 'idade': [25, 30]})
# Adicionar uma nova coluna com salário
df['salario'] = [50000, 60000]
print(df)
```

Exercício 280 - Remover linhas com valores NaN
```python
# Remover linhas que contêm pelo menos um NaN
df.dropna(inplace=True)
```

Exercício 281 - Utilizar .loc[] para filtrar linhas
```python
# Filtrar linhas onde a idade é maior que 20
filtered_df = df.loc[df['idade'] > 20]
print(filtered_df)
```

Exercício 282 - Realizar "pivotamento" em um DataFrame
```python
# Pivotar o DataFrame
pivot_df = df.pivot(index='nome', columns='idade', values='salario')
print(pivot_df)
```

Exercício 283 - Combinar dois DataFrames usando concat
```python
# Criar outro DataFrame
df2 = pd.DataFrame({'nome': ['Charlie'], 'idade': [35], 'salario': [70000]})
# Combinar os dois DataFrames
combined_df = pd.concat([df, df2])
print(combined_df)
```

Exercício 284 - Transformar uma coluna em índice
```python
# Definir a coluna 'nome' como índice
df.set_index('nome', inplace=True)
print(df)
```

Exercício 285 - Reordenar as colunas
```python
# Reordenar as colunas
df = df[['salario', 'idade']]
print(df)
```

Exercício 286
```python
# Pegar as primeiras duas linhas e a coluna 'salario'
slice_df = df.iloc[:2][['salario']]
print(slice_df)
```

Exercício 287
```python
# Unstack o DataFrame
unstacked_df = df.unstack()
print(unstacked_df)
```

Exercício 288
```python
import numpy as np
# Criar um array de zeros com tamanho 5
zero_array = np.zeros(5)
print("Array de zeros:", zero_array)
```

Exercício 289
```python
# Criar um array 3D
array_3d = np.random.randint(0, 10, (3, 3, 3))
# Calcular a soma ao longo do eixo 0
sum_along_axis = np.sum(array_3d, axis=0)
print("Soma ao longo do eixo 0:", sum_along_axis)
```

Exercício 290
```python
# Gerar 5 números aleatórios em uma distribuição normal
random_numbers = np.random.randn(5)
print("Números aleatórios:", random_numbers)
```

Exercício 291
```python
# Criar um array
array = np.array([1, 2, 3, 4, 5])
# Encontrar índices de máximo e mínimo
max_index = np.argmax(array)
min_index = np.argmin(array)
print("Índice de máximo:", max_index, "Índice de mínimo:", min_index)
```

Exercício 292
```python
# Criar uma matriz 3x3
matrix = np.array([[1, 2, 3], [4, 5, 6], [7, 8, 9]])
# Extrair uma submatriz 2x2 do canto superior esquerdo
sub_matrix = matrix[:2, :2]
print("Submatriz:", sub_matrix)
```

Exercício 293
```python
# Inverter o array
inverted_array = np.flip(array)
print("Array invertido:", inverted_array)
```

Exercício 294
```python
# Encontrar a raiz quadrada
sqrt_array = np.sqrt(array)
print("Raiz quadrada do array:", sqrt_array)
```

Exercício 295
```python
# Calcular média, mediana e desvio padrão
mean = np.mean(array)
median = np.median(array)
std_dev = np.std(array)
print(f"Média: {mean}, Mediana: {median}, Desvio Padrão: {std_dev}")
```

Exercício 296
```python
# Criar uma matriz identidade de tamanho 3x3
identity_matrix = np.eye(3)
```

```python
print("Matriz identidade:", identity_matrix)
```

Exercício 297
```python
# Criar um array
array_to_save = np.array([1, 2, 3, 4, 5])
# Salvar o array em um arquivo .npy
np.save('meu_array.npy', array_to_save)
print("Array salvo em 'meu_array.npy'")
```

Exercício 298
```python
import pandas as pd
# Ler o arquivo CSV
df = pd.read_csv("data.csv")
# Calcular número de linhas e colunas
rows, cols = df.shape
print(f"Número de linhas: {rows}, Número de colunas: {cols}")
```

Exercício 299
```python
# Ler o arquivo e substituir uma string específica
df['Coluna1'].replace('valor_antigo', 'valor_novo', inplace=True)
```

Exercício 300
```python
from datetime import datetime
# Gerar o nome do arquivo
file_name = f"data_{datetime.now().strftime('%Y%m%d')}.csv"
# Salvar o DataFrame
df.to_csv(file_name)
```

Exercício 301
```python
import matplotlib.pyplot as plt
# Ler o arquivo
df = pd.read_csv("data.csv")
# Plotar gráfico da Coluna1
plt.plot(df['Coluna1'])
plt.show()
```

Exercício 302
```python
# Exportar apenas as colunas 'Coluna1' e 'Coluna2'
df[['Coluna1', 'Coluna2']].to_csv('novo_data.csv', index=False)
```

Exercício 303
```python
# Calcular a soma da 'Coluna1'
soma = df['Coluna1'].sum()
print(f"Soma da Coluna1: {soma}")
```

Exercício 304
```python
# Ler múltiplos arquivos
df1 = pd.read_csv("data1.csv")
df2 = pd.read_csv("data2.csv")
# Concatenar
df_concat = pd.concat([df1, df2])
```

Exercício 305
```python
# Converter 'DataColuna' para datetime
df['DataColuna'] = pd.to_datetime(df['DataColuna'])
```

Exercício 306
```python
# Renomear colunas
df.columns = ['Nova_Coluna1', 'Nova_Coluna2']
```

Exercício 307
```python
# Ler o arquivo
df = pd.read_csv("data.csv")
# Modificar algumas células
df.loc[0, 'Coluna1'] = "Novo Valor"
# Salvar as modificações
df.to_csv("data.csv", index=False)
```

Exercício 308
```python
import requests
# Fazendo uma requisição GET para o Google
response = requests.get('https://www.google.com')
# Imprimindo o código de status da resposta
print(f'Código de status: {response.status_code}')
```

Exercício 309
```python
import requests
import json
# Sua chave de API para a OMDB
api_key = 'sua_chave_aqui'
# O filme que você quer buscar
movie_name = 'Inception'
# Fazendo uma requisição GET para a API da OMDB
response = requests.get(f'http://www.omdbapi.com/?t={movie_name}&apikey={api_key}')
# Verificando se a requisição foi bem-sucedida
if response.status_code == 200:
    movie_details = json.loads(response.text)
    print(movie_details)
else:
    print('Erro na requisição.')
```

Exercício 310
```python
import requests
import json
# Dados que você quer enviar
data_to_send = {'username': 'john_doe', 'email': 'john@example.com'}
# Fazendo uma requisição POST para o httpbin
response = requests.post('https://httpbin.org/post', data=data_to_send)
# Verificando se a requisição foi bem-sucedida e imprimindo a resposta
if response.status_code == 200:
    print('Dados enviados com sucesso.')
    print(json.loads(response.text))
else:
    print('Erro na requisição.')
```

Exercício 311
```python
from bs4 import BeautifulSoup
import requests
# Fazendo uma requisição GET para o Wikipedia
response = requests.get('https://www.wikipedia.org')
# Verificando se a requisição foi bem-sucedida
if response.status_code == 200:
    # Parsing HTML da página
    soup = BeautifulSoup(response.text, 'html.parser')
    # Extraindo o título da página
    title = soup.title.string
    print(f'Título da página: {title}')
```

Exercício 312
Continuação do código anterior

# Contando imagens na página
img_count = len(soup.find_all('img'))
print(f'Número de imagens na página: {img_count}')

Exercício 313 - Extrair Links
Continuação do código anterior

# Extraindo todos os links da página
links = soup.find_all('a')
for i, link in enumerate(links):
    print(f'Link {i+1}: {link.get("href")}')

Exercício 314
Continuação do código anterior

# Encontrando elemento específico pelo ID
specific_element = soup.find(id='www-wikipedia-org')
print(f'Elemento com ID "www-wikipedia-org": {specific_element}')

Exercício 315
import requests
import json
# Substitua YOUR_API_KEY pela sua chave API do OpenWeather
api_key = "YOUR_API_KEY"
city = "New York"
# Fazendo a requisição à API do OpenWeather
response = requests.get(f'http://api.openweathermap.org/data/2.5/weather?q={city}&appid={api_key}')
# Verificando se a requisição foi bem-sucedida
if response.status_code == 200:
    data = response.json()
    print(f"Clima atual em {city}: {data['weather'][0]['description']}")

Exercício 316
# Criação de uma nova tarefa usando POST
new_todo = {'userId': 1, 'title': 'Nova Tarefa', 'completed': False}
response = requests.post('https://jsonplaceholder.typicode.com/todos', json=new_todo)
# Verificando se a requisição foi bem-sucedida
if response.status_code == 201:
    print(f"Nova tarefa criada: {response.json()['id']}")

Exercício 317
# Obtendo detalhes do usuário
response = requests.get('https://jsonplaceholder.typicode.com/users/1')
# Verificando se a requisição foi bem-sucedida
if response.status_code == 200:
    user = response.json()
    print(f"Nome do usuário: {user['name']}\nEmail: {user['email']}")

Exercício 318
# Atualizando o título de um post usando PATCH
updated_data = {'title': 'Novo Título'}
response = requests.patch('https://jsonplaceholder.typicode.com/posts/1', json=updated_data)
# Verificando se a atualização foi bem-sucedida
if response.status_code == 200:
    print("Título atualizado com sucesso!")

Exercício 319
```python
# Excluindo um post
response = requests.delete('https://jsonplaceholder.typicode.com/posts/1')
# Verificando se a exclusão foi bem-sucedida
if response.status_code == 200:
    print("Post excluído com sucesso!")
```

Exercício 320
```python
# Substitua YOUR_API_KEY pela sua chave API do ExchangeRate-API
api_key = "YOUR_API_KEY"
# Fazendo a requisição à API
response = requests.get(f'https://api.exchangerate-api.com/v4/latest/USD?apikey={api_key}')
# Verificando se a requisição foi bem-sucedida
if response.status_code == 200:
    data = response.json()
    print(f"Taxa de câmbio USD para EUR: {data['rates']['EUR']}")
```

Exercício 321
```python
# Definindo cabeçalhos personalizados
headers = {'Custom-Header': 'MyValue'}
# Fazendo a requisição GET
response = requests.get('https://httpbin.org/get', headers=headers)
# Verificando se a requisição foi bem-sucedida e imprimindo a resposta
if response.status_code == 200:
    print(response.json())
```

Exercício 322
```python
# Fazendo várias requisições para testar o limite de taxa
for i in range(10):
    response = requests.get('https://jsonplaceholder.typicode.com/todos/1')
    if response.status_code != 200:
        print(f"Limite de taxa atingido na tentativa {i+1}")
        break
```

Exercício 323
```python
from selenium import webdriver
from selenium.webdriver.common.keys import Keys
# Abre um navegador e navega até o Facebook (ou sua rede social preferida)
driver = webdriver.Chrome()
driver.get("https://www.facebook.com")
# Faz o login automaticamente
username = driver.find_element_by_name("email")
password = driver.find_element_by_name("pass")
username.send_keys("seu_email")
password.send_keys("sua_senha")
password.send_keys(Keys.RETURN)
```

Exercício 324
```python
from selenium import webdriver
# Abre o site de notícias (CNN, por exemplo)
driver = webdriver.Chrome()
driver.get("https://www.cnn.com/world")
# Coleta as últimas 5 notícias
headlines = driver.find_elements_by_xpath("//h2[@class='headline']")[:5]
for headline in headlines:
    print(headline.text)
```

Exercício 325

```python
from selenium import webdriver
# Vá até uma postagem de blog ou vídeo
driver = webdriver.Chrome()
driver.get("url_do_post_ou_video")
# Raspe os 10 primeiros comentários
comments = driver.find_elements_by_class_name("comment-class")[:10]  # Substitua 'comment-class' pela classe correta
for comment in comments:
    print(comment.text)
```

Exercício 326
```python
from selenium import webdriver
# Abre o site de compras online
driver = webdriver.Chrome()
driver.get("url_do_produto")
# Verifica se o item está em estoque
stock_status = driver.find_element_by_id("stock-status").text  # Substitua 'stock-status' pelo ID correto
print("Em estoque" if "Em estoque" in stock_status else "Fora de estoque")
```

Exercício 327
```python
import os
import urllib.request
from selenium import webdriver
# Abre uma página web
driver = webdriver.Chrome()
driver.get("url_da_pagina")
# Baixa todas as imagens da página
img_urls = [img.get_attribute('src') for img in driver.find_elements_by_tag_name('img')]
os.makedirs('images', exist_ok=True)
for i, url in enumerate(img_urls):
    urllib.request.urlretrieve(url, f'images/image_{i}.jpg')
```

Exercício 328
```python
# Importando as bibliotecas necessárias
import shutil
import os
# Função para fazer backup de um diretório
def backup_directory(src, dest):
    shutil.copytree(src, dest)
# Usar a função para fazer backup do diretório 'source' para 'backup'
backup_directory('source', 'backup')
```

Exercício 329
```python
# Importando as bibliotecas necessárias
import csv
import json
# Função para converter CSV para JSON
def csv_to_json(csv_filename, json_filename):
    data = []
    with open(csv_filename, 'r') as csv_file:
        csv_reader = csv.DictReader(csv_file)
        for row in csv_reader:
            data.append(row)
    with open(json_filename, 'w') as json_file:
        json.dump(data, json_file)
# Usar a função para converter
csv_to_json('data.csv', 'data.json')
```

Exercício 330
```python
# Importando as bibliotecas necessárias
import psutil
# Monitorar o uso da CPU e da memória
def system_monitor():
    print(f"CPU usage: {psutil.cpu_percent()}%")
    print(f"Memory usage: {psutil.virtual_memory().percent}%")
# Chamar a função para mostrar os dados
system_monitor()
```

Exercício 331
```python
# Importando as bibliotecas necessárias
import urllib.request
# Função para baixar arquivo
def download_file(url, filename):
    urllib.request.urlretrieve(url, filename)
# Usar a função para baixar um arquivo
download_file('https://example.com/file.txt', 'file.txt')
```

Exercício 332
```python
# Importando as bibliotecas necessárias
import requests
from bs4 import BeautifulSoup
# Função para verificar links
def check_links(url):
    response = requests.get(url)
    soup = BeautifulSoup(response.text, 'html.parser')
    for link in soup.find_all('a'):
        link_url = link.get('href')
        response = requests.get(link_url)
        if response.status_code != 200:
            print(f"Broken link: {link_url}")
# Usar a função para verificar links em uma página web
check_links('https://example.com')
```

Exercício 333
```python
# Importando bibliotecas necessárias
import smtplib
# Enviando e-mail de aniversário
def send_birthday_email(email, name):
    server = smtplib.SMTP('smtp.gmail.com', 587)
    server.starttls()
    server.login('your_email@gmail.com', 'your_password')
    subject = f"Happy Birthday, {name}!"
    body = f"Hey {name},\n\nHappy Birthday!"
    message = f"Subject: {subject}\n\n{body}"
    server.sendmail('your_email@gmail.com', email, message)
    server.quit()
# Enviar o e-mail
send_birthday_email('recipient_email@gmail.com', 'John')
```

Exercício 334
```python
# Importando bibliotecas necessárias
import smtplib
# Enviando newsletter
def send_newsletter(emails):
    server = smtplib.SMTP('smtp.gmail.com', 587)
    server.starttls()
    server.login('your_email@gmail.com', 'your_password')
```

```python
    subject = "Weekly Newsletter"
    body = "Here is your weekly update..."
    message = f"Subject: {subject}\n\n{body}"
    for email in emails:
        server.sendmail('your_email@gmail.com', email, message)
    server.quit()
# Enviar o e-mail
send_newsletter(['email1@gmail.com', 'email2@gmail.com'])
```

Exercício 335
```python
# Importando bibliotecas necessárias
import smtplib
# Enviando relatório diário
def send_daily_report(email, report_content):
    server = smtplib.SMTP('smtp.gmail.com', 587)
    server.starttls()
    server.login('your_email@gmail.com', 'your_password')
    subject = "Daily Report"
    message = f"Subject: {subject}\n\n{report_content}"
    server.sendmail('your_email@gmail.com', email, message)
    server.quit()
# Enviar o relatório
send_daily_report('boss_email@gmail.com', 'Here is the daily report...')
```

Exercício 336
```python
# Importando as bibliotecas necessárias
import smtplib
import imaplib
import email
from email.header import decode_header
# Configurações de email
email_user = "your_email@gmail.com"
email_pass = "your_password"
# Função para enviar respostas automáticas
def send_email(recipient, subject, body):
    server = smtplib.SMTP("smtp.gmail.com", 587)
    server.starttls()
    server.login(email_user, email_pass)
    message = f"Subject: {subject}\n\n{body}"
    server.sendmail(email_user, recipient, message)
    server.quit()
# Função para ler emails e responder automaticamente
def read_and_reply():
    # Inicializa o servidor IMAP
    mail = imaplib.IMAP4_SSL("imap.gmail.com")
    mail.login(email_user, email_pass)
    mail.select("inbox")
    # Procura por emails não lidos
    status, messages = mail.search(None, 'UNSEEN')
    email_ids = messages[0].split()
    for e_id in email_ids:
        # Busca o email pelo ID
        status, msg_data = mail.fetch(e_id, '(RFC822)')
        raw_email = msg_data[0][1]
        msg = email.message_from_string(raw_email.decode("utf-8"))
        # Decodifica o cabeçalho do email para pegar o assunto e o remetente
        subject, encoding = decode_header(msg["Subject"])[0]
        if isinstance(subject, bytes):
            subject = subject.decode(encoding if encoding else "utf-8")
```

```python
        from_email = msg.get("From")
        # Respostas predefinidas com base no assunto do email
        if "reset password" in subject.lower():
            send_email(from_email, "Password Reset Instructions", "Here's how to reset your password...")
        elif "contact support" in subject.lower():
            send_email(from_email, "Contacting Support", "You can reach us at...")
        else:
            send_email(from_email, "Thank You For Reaching Out", "We have received your message and will get back to you.")
# Executa a função
read_and_reply()
```

Exercício 337
```python
# Verificando e-mails para spam
def check_for_spam(email_content):
    spam_keywords = ['win', 'prize', 'free']
    for keyword in spam_keywords:
        if keyword in email_content.lower():
            return True
    return False
# Uso hipotético
if check_for_spam("You won a prize"):
    print("This is a spam email.")
```

Exercício 338
```python
# Importa PyAutoGUI
import pyautogui
import time
# Espera 5 segundos para você abrir a tela inicial
time.sleep(5)
# Abre o menu Iniciar
pyautogui.press('winleft')
# Digita "notepad" e pressiona Enter para abrir o Bloco de Notas
pyautogui.typewrite('notepad')
pyautogui.press('enter')
# Aguarda o Bloco de Notas abrir
time.sleep(2)
# Digita "Hello, World!"
pyautogui.typewrite('Hello, World!')
```

Exercício 339
Aqui, vamos abrir o Paint e desenhar um quadrado.
```python
# Importa PyAutoGUI e time
import pyautogui
import time
# Espera 5 segundos para abrir o Paint manualmente
time.sleep(5)
# Move para a área de desenho e começa a desenhar um quadrado
for i in range(4):
    pyautogui.drag(100, 0, duration=0.5)
    pyautogui.drag(0, 100, duration=0.5)
    pyautogui.drag(-100, 0, duration=0.5)
    pyautogui.drag(0, -100, duration=0.5)
```

Exercício 340
```python
# Importa PyAutoGUI e time
import pyautogui
import time
```

```python
# Espera para você abrir o navegador no formulário
time.sleep(5)
# Preenche o nome
pyautogui.typewrite('John Doe')
pyautogui.press('tab')
# Preenche o email
pyautogui.typewrite('john.doe@example.com')
```

Exercício 341 - Jogo Automático
```python
# Importa PyAutoGUI e time
import pyautogui
import time
# Aguarda o jogo iniciar
time.sleep(5)
# Comandos de jogo
for i in range(10):
    pyautogui.press('space')
    time.sleep(1)
```

Exercício 342
```python
# Importa PyAutoGUI e time
import pyautogui
import time
# Aguarda 10 segundos (você pode configurar para um horário específico)
time.sleep(10)
# Tira o screenshot
pyautogui.screenshot('screenshot.png')
```

Exercício 343
```python
# Importando o módulo argparse para lidar com argumentos da linha de comando
import argparse
def main():
    # Cria o analisador de argumentos
    parser = argparse.ArgumentParser(description="Imprime uma saudação personalizada.")
    # Adiciona um argumento "name" ao analisador
    parser.add_argument('name', type=str, help='O nome da pessoa a ser saudada')
    # Analisa os argumentos da linha de comando
    args = parser.parse_args()
    # Imprime a saudação
    print(f"Olá, {args.name}!")
if __name__ == "__main__":
    main()
```
- Para executar: python script.py [Seu Nome]

Exercício 344
```python
import argparse
def main():
    parser = argparse.ArgumentParser(description="Imprime uma saudação personalizada.")
    parser.add_argument('name', type=str, help='O nome da pessoa a ser saudada')
    parser.add_argument('--idade', type=int, help='A idade da pessoa a ser saudada')
    args = parser.parse_args()
    if args.idade:
        print(f"Olá, {args.name}. Você tem {args.idade} anos!")
    else:
        print(f"Olá, {args.name}!")
if __name__ == "__main__":
    main()
```
-Para executar: python script.py [Seu Nome] --idade [Sua Idade]

Exercício 345

```python
import argparse
def main():
    parser = argparse.ArgumentParser(description="Realiza operações matemáticas básicas.")

    parser.add_argument('num1', type=float, help='Primeiro número')
    parser.add_argument('num2', type=float, help='Segundo número')
    parser.add_argument('operacao', type=str, choices=['+', '-', '*', '/'], help='Operação a ser realizada')
    args = parser.parse_args()
    if args.operacao == '+':
        print(args.num1 + args.num2)
    elif args.operacao == '-':
        print(args.num1 - args.num2)
    elif args.operacao == '*':
        print(args.num1 * args.num2)
    elif args.operacao == '/':
        if args.num2 != 0:
            print(args.num1 / args.num2)
        else:
            print("Erro: Divisão por zero.")
if __name__ == "__main__":
    main()
```

- Para executar: python script.py [Número1] [Número2] [Operação]

Exercício 346

```python
import shutil
import argparse
import os
def main():
    parser = argparse.ArgumentParser(description="Faz o backup de um diretório.")
    parser.add_argument('diretorio', type=str, help='O diretório para backup')
    args = parser.parse_args()
    destino = f"{args.diretorio}_backup"
    shutil.copytree(args.diretorio, destino)
    print(f"Backup do diretório {args.diretorio} foi feito em {destino}")
if __name__ == "__main__":
    main()
```

- Execute com: python script.py [Nome do Diretório]

Exercício 347

```python
import os
import argparse
def main():
    parser = argparse.ArgumentParser(description="Renomeia todos os arquivos de um diretório para minúsculas.")
    parser.add_argument('diretorio', type=str, help='O diretório contendo os arquivos para renomear')
    args = parser.parse_args()
    for filename in os.listdir(args.diretorio):
        os.rename(os.path.join(args.diretorio, filename), os.path.join(args.diretorio, filename.lower()))
    print("Todos os arquivos foram renomeados para minúsculas.")
if __name__ == "__main__":
    main()
```

- Execute com: python script.py [Nome do Diretório]

Exercício 348
```python
import os
import argparse
def main():
    parser = argparse.ArgumentParser(description="Lista todos os arquivos de um tipo específico em um diretório.")
    parser.add_argument('diretorio', type=str, help='O diretório a ser pesquisado')
    parser.add_argument('tipo', type=str, help='O tipo de arquivo para procurar (ex: .txt)')
    args = parser.parse_args()
    for filename in os.listdir(args.diretorio):
        if filename.endswith(args.tipo):
            print(filename)
if __name__ == "__main__":
    main()
```

- Execute com: python script.py [Nome do Diretório] [Tipo de Arquivo]

Exercício 349
```python
import os
import shutil
import argparse
from hashlib import md5
def file_hash(filepath):
    return md5(open(filepath, 'rb').read()).hexdigest()
def main():
    parser = argparse.ArgumentParser(description="Move arquivos duplicados para um diretório separado.")
    parser.add_argument('diretorio', type=str, help='O diretório a ser pesquisado')
    args = parser.parse_args()
    if not os.path.exists("duplicados"):
        os.mkdir("duplicados")
    hash_keys = dict()
    for index, filename in enumerate(os.listdir(args.diretorio)):
        if os.path.isfile(os.path.join(args.diretorio, filename)):
            filehash = file_hash(os.path.join(args.diretorio, filename))
            if filehash not in hash_keys:
                hash_keys[filehash] = index
            else:
                shutil.move(os.path.join(args.diretorio, filename), "duplicados/" + filename)
    print("Arquivos duplicados foram movidos para a pasta 'duplicados'.")
if __name__ == "__main__":
    main()
```

- Execute com: python script.py [Nome do Diretório]

Exercício 350
```python
import argparse
# Tarefas são armazenadas em uma lista
tasks = []
def main():
    parser = argparse.ArgumentParser(description="Gerenciador de lista de tarefas.")
    parser.add_argument('-a', '--add', help='Adicionar uma tarefa')
    parser.add_argument('-r', '--remove', type=int, help='Remover uma tarefa por índice')
    parser.add_argument('-l', '--list', action='store_true', help='Listar todas as tarefas')
    args = parser.parse_args()
    if args.add:
        tasks.append(args.add)
        print(f"Tarefa '{args.add}' adicionada.")
```

```python
    elif args.remove:
        if 0 <= args.remove < len(tasks):
            print(f"Tarefa '{tasks[args.remove]}' removida.")
            del tasks[args.remove]
        else:
            print("Índice fora do alcance.")
    elif args.list:
        print("Tarefas:")
        for i, task in enumerate(tasks):
            print(f"{i}. {task}")
if __name__ == "__main__":
    main()
```

- Execute com:
```
python script.py --add "Comprar leite"
python script.py --list
python script.py --remove 0
```

Exercício 351
```python
# Código de uma calculadora simples com CLI (Interface de Linha de Comando)
# Importando o módulo argparse para lidar com argumentos da linha de comando
import argparse
def calculate(args):
    if args.operation == 'add':
        return args.x + args.y
    elif args.operation == 'sub':
        return args.x - args.y
    elif args.operation == 'mul':
        return args.x * args.y
    elif args.operation == 'div':
        return args.x / args.y
def main():
    parser = argparse.ArgumentParser(description="Calculadora simples.")
    parser.add_argument('operation', type=str, help="add, sub, mul, div")
    parser.add_argument('x', type=float, help="Primeiro número")
    parser.add_argument('y', type=float, help="Segundo número")
    args = parser.parse_args()
    print(f"Resultado: {calculate(args)}")
if __name__ == "__main__":
    main()
```

- Execute com: python script.py add 1 2

Exercício 352
```python
# Exemplo de um programa de quiz simples com feedback.
questions = [
    {
        'question': 'Quanto é 2 + 2?',
        'answer': '4'
    },
    {
        'question': 'Qual é a capital da França?',
        'answer': 'Paris'
    }
]
def main():
    score = 0
    for i, q in enumerate(questions):
        print(f"Questão {i + 1}: {q['question']}")
```

```python
    user_ans = input("Sua resposta: ")
    if user_ans == q['answer']:
      print("Correto!")
      score += 1
    else:
      print("Incorreto.")
  print(f"Seu score final: {score}")
if __name__ == "__main__":
  main()
```

Exercício 353
```python
# Coleta informações do usuário e as salva em um arquivo de texto.
name = input("Digite seu nome: ")
age = input("Digite sua idade: ")
job = input("Digite sua ocupação: ")
with open("user_info.txt", "w") as f:
  f.write(f"Nome: {name}\n")
  f.write(f"Idade: {age}\n")
  f.write(f"Ocupação: {job}\n")
```

Exercício 354
```python
from collections import Counter
# Lê um arquivo de texto e conta a frequência de cada palavra
with open("text_file.txt", "r") as f:
  text = f.read()
  words = text.split()
  freqs = Counter(words)
  common_words = freqs.most_common(10)
print("As 10 palavras mais frequentes são:")
for word, freq in common_words:
  print(f"{word}: {freq}")
```

Exercício 355
```python
import csv
# Este script permite ao usuário criar, ler, atualizar e deletar registros em um arquivo CSV.
def main():
  while True:
    action = input("O que você gostaria de fazer? (c)riar, (l)er, (a)tualizar, (d)eletar, (s)air: ")
    if action == 'c':
      create_record()
    elif action == 'l':
      read_records()
    elif action == 'a':
      update_record()
    elif action == 'd':
      delete_record()
    elif action == 's':
      break
def create_record():
  with open('records.csv', mode='a', newline='') as file:
    writer = csv.writer(file)
    name = input("Digite o nome: ")
    age = input("Digite a idade: ")
    writer.writerow([name, age])
def read_records():
  with open('records.csv', mode='r') as file:
    reader = csv.reader(file)
    for row in reader:
      print(row)
```

```python
def update_record():
    # Seu código para atualizar registros aqui
    pass
def delete_record():
    # Seu código para deletar registros aqui
    pass
if __name__ == '__main__':
    main()
```

Exercício 356
```python
import csv
import smtplib
# Lê um arquivo CSV e permite ao usuário enviar um e-mail para contatos selecionados.
def main():
    with open('contacts.csv', mode='r') as file:
        reader = csv.reader(file)
        contacts = list(reader)
    print("Contatos disponíveis:")
    for i, contact in enumerate(contacts):
        print(f"{i}: {contact[0]} - {contact[1]}")
    selected = input("Digite os números dos contatos para enviar o e-mail (separados por vírgula): ")
    selected = [int(s) for s in selected.split(",")]
    subject = "Assunto do e-mail"
    body = "Corpo do e-mail"
    send_email(contacts, selected, subject, body)
def send_email(contacts, selected, subject, body):
    # Seu código para enviar e-mails aqui
    pass
if __name__ == '__main__':
    main()
```

Exercício 357
```python
import requests
import sys
# Este script permite ao usuário fornecer um URL como um argumento da linha de comando.
def main(url):
    response = requests.get(url)
    with open("web_content.html", "w") as file:
        file.write(response.text)
if __name__ == '__main__':
    main(sys.argv[1])
```

Você já se sentiu perdido na vastidão do mundo da programação Python? Cansado de tutoriais intermináveis que prometem muito e entregam pouco? Este livro é a resposta que você estava procurando.

Descubra como entregar 80% de resultados com apenas 20% de conhecimento em Python. De análise de dados com Pandas a automações do dia a dia e interações web, este guia é um atalho direto para o que realmente importa. Não é apenas um livro; é o seu passaporte para a eficiência.

Programação não é só para geeks com óculos de fundo de garrafa e camisetas de bandas obscuras. É para você, o jovem profissional que quer mais do que apenas um trabalho das 9 às 5. Você é inteligente, ambicioso e pronto para conquistar o mundo. Este livro é o seu aliado.

Deixe o jargão técnico de lado. Pegue uma xícara de café (ou uma cerveja; nós não julgamos), sente-se e abra para qualquer página. Você vai encontrar insights práticos e exemplos que pode usar imediatamente, mesmo que nunca tenha escrito uma linha de código na vida.

Porque o sucesso não espera. Vamos codificar?